K. J. Relden



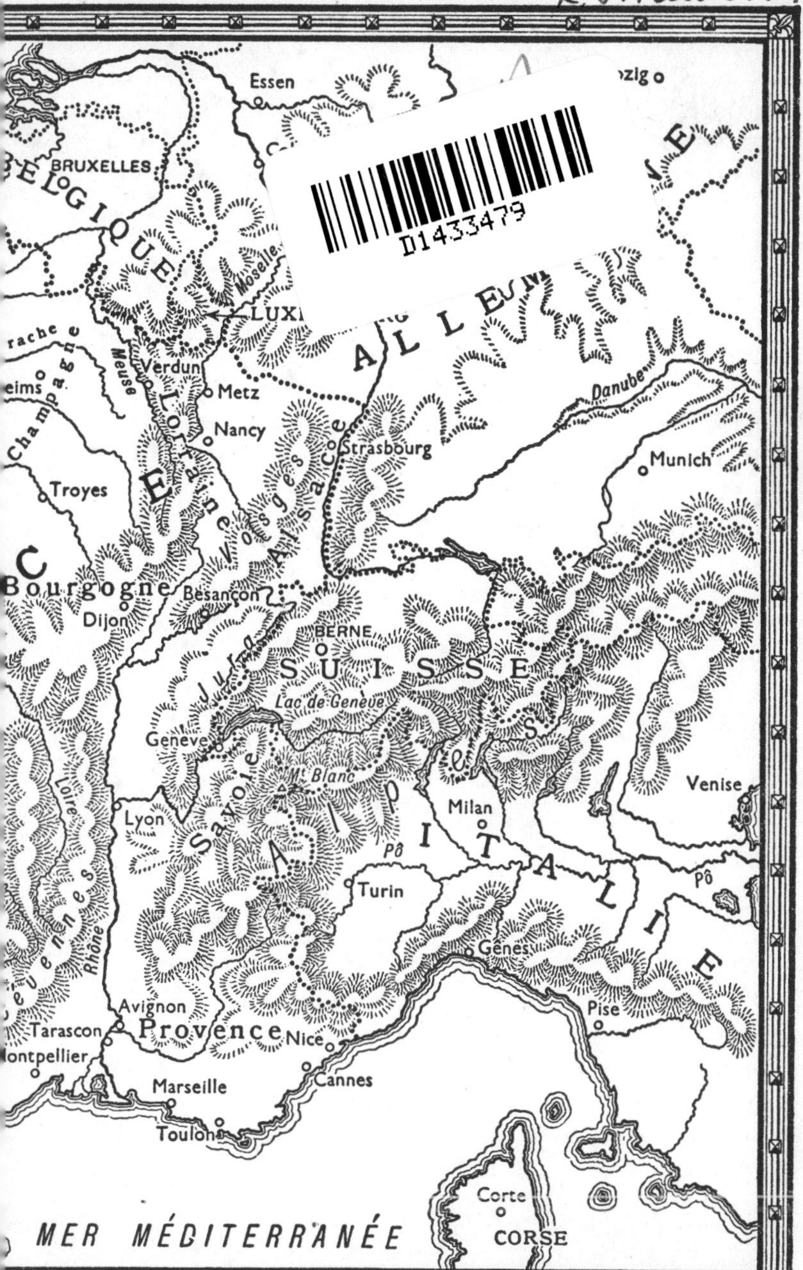
Essen
BRUXELLES
BELGIQUE
Moselle
LUXE
ALLEM
Verdun
Meuse
Metz
Nancy
Strasbourg
Danube
Munich
Champagne
Troyes
Lorraine
Vosges
Alsace
Bourgogne
Besançon
Dijon
BERNE
SUISSE
Jura
Lac de Genève
Genève
Savoie
Mt Blanc
Alpes
Milan
Venise
Lyon
Loire
ITALIE
Pô
Turin
Gênes
Cévennes
Rhône
Avignon
Tarascon
Provence
Nice
Montpellier
Cannes
Marseille
Toulon
Pise
Corte
CORSE
MER MÉDITERRANÉE

# A FOURTH FRENCH BOOK

# A FOURTH
# FRENCH BOOK

*by*

W. F. H. WHITMARSH, M.A., L.èsL.

*Illustrated by*
*RAYLAMBERT*

LONGMANS

LONGMANS, GREEN AND CO LTD
48 GROSVENOR STREET, LONDON WI
RAILWAY CRESCENT, CROYDON, VICTORIA, AUSTRALIA
AUCKLAND, KINGSTON (JAMAICA), LAHORE, NAIROBI

LONGMANS SOUTHERN AFRICA (PTY) LTD
THIBAULT HOUSE, THIBAULT SQUARE, CAPE TOWN
JOHANNESBURG, SALISBURY

LONGMANS OF NIGERIA LTD
W. R. INDUSTRIAL ESTATE, IKEJA

LONGMANS OF GHANA LTD
INDUSTRIAL ESTATE, RING ROAD SOUTH, ACCRA

LONGMANS GREEN (FAR EAST) LTD
443 LOCKHART ROAD, HONG KONG

LONGMANS OF MALAYA LTD
44 JALAN AMPANG, KUALA LUMPUR

ORIENT LONGMANS LTD
CALCUTTA, BOMBAY, MADRAS
DELHI, HYDERABAD, DACCA

LONGMANS CANADA LTD
137 BOND STREET, TORONTO 2

*First published* 1951
*Tenth Impression* 1962

PRINTED AND BOUND IN GREAT BRITAIN
BY JARROLD AND SONS LTD, NORWICH

# FOREWORD

In this volume, the fourth and last of the series, we have completed the survey of the essentials of French grammar. We feel that few teachers will find the amount of grammar excessive, while some may even think that, considering its length, our Course might have been fuller in this respect. However, in our view, the range of grammar taught should suffice for fluent and correct expression.

In the foregoing volumes the policy has been to cultivate an active vocabulary, which by the end of the Third Book numbers some 1,000 words. In the present book there is an element of passive vocabulary, since the reading matter has been taken from the works of French authors. But, apart from the texts, the policy of the wholly active vocabulary has been pursued; in the Exercises the vocabulary is largely that which has been built up as the Course has developed.

Those who have used the earlier volumes will have appreciated that the "active" element increases from book to book. In the Fourth Book the cultivation of free expression, both oral and written, is a major feature, indeed we should like it to be considered as the predominant feature. Grammar exercises can be regarded only as a means to an end. There is little point in the pupil doing endless grammatical drill if his French is not freely exercised and forged up into a medium of ready expression. French is of course a valuable instrument of general education, but one cannot dissociate the study of a modern language from competence to use it.

W. F. H. W.

# ACKNOWLEDGMENTS

Grateful thanks are due to the following, who have granted permission to reproduce extracts from copyright works:

Madame Edmond Ducos ("André Bruyère") and Éditions Gautier-Languereau, 18 Rue Jacob, Paris, for two extracts from *La Tribu des Lapins Sauvages*.

Mademoiselle Marguerite Lichtenberger and Librairie Plon, 8 Rue Garancière, Paris, for an extract from *Roses de France* by André Lichtenberger.

MM. Calmann-Lévy, éditeurs, 3 Rue Auber, Paris, for an extract from *Karikari* by Ludovic Halévy.

The heirs of René Bazin, and M. de Gigord, éditeur, 15 Rue Cassette, Paris, for an extract from *La douce France*.

M. Bernard Grasset, éditeur, 61 Rue des Saints-Pères, Paris, for an extract from *Seul, à travers l'Atlantique* by Alain Gerbault.

M. Alphonse Lemerre, éditeur, 23–33 Passage Choiseul, Paris, for a poem by Paul Bourget.

Éditions Messein, 19 Quai Saint-Michel, Paris, for a poem by Paul Verlaine.

I should also like to thank the "Société des Gens de Lettres de France", 38 Rue du Faubourg Saint-Jacques, Paris, for their kind assistance in obtaining several of these permissions.

# TABLE DES MATIÈRES

*LE PAYS BASQUE*

## CHAPITRE PREMIER

### LES CRI-CRIS DE LA BOULANGÈRE

«Qu'est-ce que tu fais donc là ? dit la boulangère au petit garçon, qu'elle avait cru parti. Est-ce que tu n'es pas content de ton pain ?

—Oh! si, madame, dit le petit.

—Eh bien, alors, va le porter à ta maman, mon ami. Dépêche-toi, ou elle croira que tu t'es amusé en route, et tu seras grondé!»

L'enfant ne parut pas avoir entendu. Quelque chose semblait attirer ailleurs son attention. La boulangère s'approcha de lui et lui donna amicalement une tape sur la joue.

«A quoi penses-tu, au lieu de te dépêcher? lui dit-elle.

—Madame, dit le petit garçon, qu'est-ce qui chante donc ici?

—On ne chante pas, répondit la boulangère.

—Si, dit le petit. Entendez-vous: cri, cri, cri?»

La boulangère et mon ami Jacques prêtèrent l'oreille, et ils n'entendirent rien, si ce n'est le refrain de quelques grillons, habitants ordinaires des maisons où il y a des boulangers.

«C'est un petit oiseau, dit le petit bonhomme, ou bien le pain qui chante en cuisant, comme les pommes?

—Mais non, petit nigaud, lui dit la boulangère; ce sont les grillons. Ils chantent parce qu'on vient d'allumer le feu et que la vue de la flamme les réjouit.

—Les grillons! dit le petit garçon. On appelle ça aussi des cri-cris?

—Oui,» lui répondit la brave boulangère.

Le visage de l'enfant s'anima.

«Madame, dit-il en rougissant de la hardiesse de sa demande, je serais bien content si vous vouliez me donner un cri-cri.

—Un cri-cri! dit la boulangère en riant; qu'est-ce que tu veux faire d'un cri-cri, mon cher petit? Va, si je pouvais te donner tous ceux qui courent dans la maison, ce serait bientôt fait.

—Oh! madame, donnez-m'en un, rien qu'un seul, si vous voulez! dit l'enfant en joignant ses mains par-dessus son gros pain. On m'a dit que les cri-cris, ça portait bonheur aux maisons!»

La bonne boulangère, qui n'osait pas toucher elle-même les grillons, descendit dans son fournil. Elle en fit attraper quatre par son mari, qui les mit dans une boîte, avec des

2

trous sur le couvercle; puis elle donna la boîte au petit
garçon qui s'en alla tout joyeux.

D'après P.-J. STAHL

1. Qu'est-ce qu'un boulanger? une boulangère? une
   boulangerie?
2. Quel est le vrai nom de la bête que l'enfant appelle un
   cri-cri?
3. Comment est cet insecte?
4. Où et quand entend-on des grillons?
5. Pourquoi y a-t-il souvent des grillons chez les boulangers?
6. Faites un petit résumé du morceau.

---

### LE DIMANCHE

Le samedi dit au dimanche:
«Tout le village est endormi,
L'aiguille vers minuit se penche;
C'est maintenant ton tour, ami;
Moi, je suis las de ma journée,
Je veux aller dormir aussi.
Viens vite, ton heure est sonnée.»
—Le dimanche dit: «Me voici.»

HENRI MURGER

1. Récitez les noms des sept jours.
2. Quelle heure sonne la fin d'un jour et le commencement
   d'un autre?
3. «L'aiguille vers minuit se penche.» Quelle est cette
   aiguille?
4. Où se trouve généralement l'horloge d'une église?

# 1. GRAMMAIRE

Revise the Perfect tense of verbs conjugated with **avoir,** and the Perfect of the few verbs (aller, venir, etc.) conjugated with **être** (see pp. 162–63, §§ 2, 3, 5).

## 1. EXERCICES: PREMIÈRE SÉRIE

I. (a) Conjuguez:

> Je n'ai pas compris.
> Ai-je bien dormi?
> N'ai-je pas écrit?

(b) Give the first person singular of the Perfect of:

| | | | | |
|---|---|---|---|---|
| avoir | dire | tenir | lire | apercevoir |
| grandir | boire | voir | servir | plaire |
| entendre | pouvoir | mettre | courir | fuir |
| ouvrir | vouloir | croire | suivre | battre |
| faire | savoir | connaître | devoir | |

(c) Mettez la forme correcte du participe passé:

1. Vos parents? Oui, je les ai (rencontré). 2. Où est ta casquette? Tu ne l'as pas (perdu)? 3. Montrez-moi les jolis gants que vous avez (acheté). 4. Quels romans français avez-vous (lu)? 5. A-t-il apporté des petits pains?—Oui, il en a (apporté). 6. As-tu mangé de l'omelette?—Non, je n'en ai pas (mangé).

II. (a) Conjuguez:

> Je suis allé(e).
> Je ne suis pas sorti(e).
> Est-ce que je suis entré(e)?
> Ne suis-je pas descendu(e)?

(*b*) Exemple: rentrer; ils sont rentrés.

Give the same part of:

| venir | monter | rester |
| arriver | revenir | naître |
| devenir | retourner | mourir |
| partir | tomber | |

(*c*) Mettez la forme correcte du participe passé:

1. Cette Écossaise est (parti). 2. Nos visiteurs ne sont pas encore (arrivé). 3. Ces jeunes filles sont (sorti). 4. Un enfant est (tombé) à l'eau! 5. Mes grands-parents sont (venu) ici à Noël.

III. Mettez la forme correcte du participe passé:

1. Elle n'a pas (accepté). 2. Quelles étaient ces îles que nous avons (vu)? 3. Madame est (sorti). 4. Quelle adresse ont-ils (laissé)? 5. Tous les pêcheurs sont (revenu). 6. Ils ont parlé et je les ai (écouté). 7. Nos cousines sont (arrivé). 8. Des Américains? J'en ai (connu) beaucoup. 9. La concierge n'est pas (parti). 10. Et son fils? Elle ne l'a pas (amené)?

IV. Traduisez:

Yes, we went[1] to the cinema this afternoon. We caught[1] the 'bus at the corner of the street and arrived in town at a quarter past two.[2] As it was fine[3] there were a lot of people in the streets. We went into the cinema at half past two.[2] We saw a very amusing film and we laughed a good deal. In the cinema a girl was selling sweets[4] and ices. We called[5] her and we bought some delicious sweets which we ate[5] while we were watching the film. We came out of the cinema at five o'clock and got home at a quarter to six.

1. Perfect tense.　2. Time by the clock, § 75.　3. Weather, § 76.
4. "some sweets".　5. Past part. agreement?

V. (See pp. 179–80, §§ 34–35) Mettez au pluriel:

un gros bras; ce vieux bateau; un bel œil; le ciel bleu; leur principal travail; ce nouvel ordre; cette belle voix; votre jeu dangereux; un trou profond; notre vieil arbre; un beau chou; mon pauvre genou; son gentil petit-fils; ton joli bijou; un timbre-poste français; cet élève paresseux.

## 1. EXERCICES: DEUXIÈME SÉRIE

I. Dites ce que l'on fait:

| | |
|---|---|
| au café | à la poste |
| au restaurant | au collège |
| au concert | au bal |
| au jardin public | dans un magasin |

II. *Personnages:* Henri (ou Henriette)
François (ou Françoise)
L'horloger (*watchmaker*)

*Scène Iʳᵉ.* Henri porte sa montre chez l'horloger. L'horloger lui dit de revenir dans huit jours. Au bout de huit jours, la montre n'est pas encore réparée. L'horloger dit encore: «Revenez dans huit jours.» Cela continue pendant un mois. Henri va enfin chez l'horloger dans l'intention de reprendre sa montre. Cette fois l'horloger lui dit: «Revenez ce soir.» Henri y va: la montre est enfin réparée. Henri paye.
*Scène II.* Quelque temps après, Henri raconte tout cela à son ami François.

*L'ILE DE FRANCE. Les bords de la Marne*

III. Un voyageur va de Londres à Paris. Décrivez son voyage.

la gare
prendre son billet
enregistrer les bagages
le quai
monter
le train
le compartiment
descendre

à bord du paquebot
traverser
le douanier
visiter les bagages
montrer son passeport
le rapide
le wagon
le wagon-restaurant
la destination

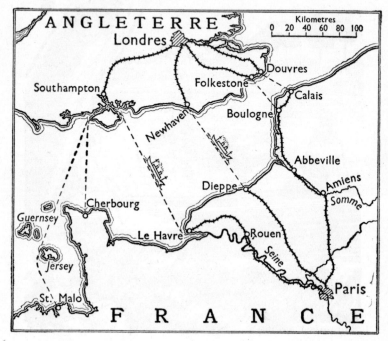

## CHAPITRE II

### L'ONCLE BRUNO

La veuve choisit alors dans son armoire à linge une nappe et de vieilles serviettes qui n'étaient plus bien blanches. La jeune domestique prit les meilleures assiettes et commença à mettre le couvert, en plaçant au bout de la table l'unique cuiller d'argent que possédait la famille.

On achevait ces préparatifs, lorsqu'un des enfants se précipita dans la maison en criant:

«Le voici! le voici!

—Qui cela? demanda-t-on.

—Eh bien! l'oncle Bruno,» répondit une voix forte et joviale.

La famille entière se retourna. Un matelot venait de s'arrêter devant la porte; il tenait sur la main droite un perroquet vert, et de la main gauche un singe.

Les petits enfants effrayés se sauvèrent, la grand'mère poussa un cri; Martin, Clémence et la domestique regardaient stupéfiés.

«Comment! est-ce qu'on a peur de ma ménagerie? reprit Bruno en riant. Allons, braves gens, laissez-moi vous embrasser; je viens de faire trois mille lieues pour ça!»

Martin s'avança le premier pour embrasser l'oncle; puis vinrent Clémence, la veuve et le plus grand des enfants; mais rien ne put décider les deux petits à s'approcher.

«Ma foi, s'écria Bruno, j'ai cru que je n'arriverais jamais; c'est bien loin de Dieppe à votre maison.»

Martin remarqua alors les souliers du marin, qui étaient tout couverts de poussière.

«Est-ce que l'oncle Bruno est venu à pied? demanda-t-il tout surpris.

—Ah, bien! penses-tu que je suis venu en canot à travers vos champs de blé?» répondit le matelot gaiement.

Martin se tourna vers la porte:

«Mais . . . vos bagages? dit-il timidement.

—Mes bagages, je les ai sur moi, dit Bruno. Un marin, mon petit, ça n'a besoin que d'une pipe et d'un bonnet de nuit.

—Mais, vous nous avez dit que vous alliez venir avec tout ce que vous possédez.

—Eh bien, le voilà, tout ce que je possède! s'écria Bruno: mon singe et mon perroquet.

—Quoi! c'est tout!» s'écria la famille d'une seule voix.

ÉMILE SOUVESTRE, L'oncle d'Amérique

1. Qu'est-ce qu'une veuve?

2. Qu'est-ce qui fait croire que cette famille était assez pauvre?

3. Comment sait-on que l'oncle Bruno revient d'un long voyage?

4. A quel port de mer le marin a-t-il débarqué? Comment est-il venu à cette maison?

5. Expliquez la déception de la famille.

*LA THIÉRACHE. Le porteur de lait*

### AURORE SUR LA MER

Dans la lumière et dans le bruit,
S'éveille le petit village:
Enfants et femmes sur la plage,
Attendent les pêcheurs de nuit.

De grands oiseaux passent dans l'air
Ailes ouvertes, et les voiles
Parmi les dernières étoiles
Brillent dans l'azur du ciel clair.

PAUL BOURGET
(Lemerre)

1. Qu'est-ce qu'un pêcheur?
2. Quand les femmes et les enfants arrivent-ils sur la plage?
   Pourquoi y viennent-ils? Quelles sont les voiles qu'on
   voit au loin sur la mer?
3. Fait-il chaud à cette heure de la matinée?
4. Comment sait-on que le temps est beau?
5. Les oiseaux qu'on voit au bord de la mer sont des
   mouettes. De quelle couleur sont les mouettes?

## 2. GRAMMAIRE

Revise the Reflexive verb, § 1 and § 4, pp. 161, 162. Pay special attention to the agreement or non-agreement of the Past Participle in the Perfect tense of Reflexive verbs.

### 2. EXERCICES: PREMIÈRE SÉRIE

I. Conjuguez:

> Je m'amuse bien.
> Je ne m'ennuie pas.
> Est-ce que je me baigne?
> Est-ce que je ne me promène pas?
> Je vais me coucher.

II. (P. 161, § 1) Give the three Imperative and Imperative negative forms of:

> se dépêcher, s'asseoir, se réveiller, s'en aller, se lever.

III. Conjuguez:

> Je me suis reposé(e).
> Je ne me suis pas trompé(e).
> Est-ce que je ne me suis pas arrêté(e)?

IV. Exemple: déjeuner; elle a déjeuné.
Give the same part of the following:

| | | |
|---|---|---|
| revenir | s'endormir | se taire |
| perdre | avoir | remplir |
| descendre | partir | se baisser |
| s'arrêter | permettre | rentrer |
| naître | s'excuser | vouloir |
| souffrir | mourir | se fâcher |

V. Mettez le verbe au parfait:

1. Les agents s'approchent. 2. Les voitures ne s'arrêtent pas. 3. Une grande foule s'assemble. 4. La

12

porte s'ouvre. 5. Nous nous rencontrons à la sortie. 6. Les deux amis se retrouvent. 7. Ils ne se revoient pas. 8. Nous nous prêtons des romans. 9. Les sœurs ne s'écrivent jamais. 10. La pauvre femme s'essuie le front avec son mouchoir.

**VI.** Traduisez:

"This morning," said my old aunt, "I went[1] to the park. What a[2] pretty park! There are so many flowers, so many fine trees. I walked along the paths and at last I came to the lake and sat down on a seat in[3] the shade of a tree. After watching[4] the children and the passers-by for[5] some time I began to[6] read the novel that I had put in my bag before starting out.[7] After[8] a few minutes a gentleman sat down on the seat beside me. I looked at him and I said to myself,[9] "I am sure I know this man." Then we recognized each other.[9] It was Monsieur Colin, whom I had known[10] when we lived[11] at Béziers. He was[12] a friend of my brother. We chatted for a long time and we found plenty of interesting things to tell each other."[9]

1. Perfect tense; speaker feminine. 2. "a" not translated, *e.g. quel beau lac!* 3. "in" translated by *à.* 4. "After having watched", § 23. 5. *pendant.* 6. "To begin to (do)", *commencer à (faire).* 7. Infinitive, § 23. 8. *Au bout de.* 9. Reflexive, § 4. 10. *connaître* or *savoir?* 11. "used to live". 12. *Il était* or *c'était?* § 51.

**VII.** (P. 198, § 73) Dites les nombres:

15, 16, 21, 33, 41, 58, 61, 66, 71, 80, 90, 97, 100, 101, 300, 699, 1000, 7000.

Traduisez:

the first page; a second-class compartment; the second chapter; on the fifth floor; the eighth lesson; my ninth visit; the eleventh day; thirty miles; a fortnight; a few hundred francs; about thirty persons; our garden is only ten metres wide; that tower is sixty metres high.

## 2. EXERCICES: DEUXIÈME SÉRIE

I. Racontez comment vous avez passé la soirée d'hier.

II. Scène de famille.
*Personnages:* le père, la mère, l'enfant.
Vous vous promenez à la campagne avec des amis. Vous rentrez tard. Vos parents sont très fâchés. Vous leur expliquez que vous êtes allé(e) très loin, que vous ne saviez pas l'heure, que vous avez manqué l'autobus, etc. On vous envoie vous coucher.

III. Donnez le contraire des adjectifs suivants:

| | | | | |
|---|---|---|---|---|
| blanc | gai | droit | intelligent | lourd |
| blond | jeune | large | heureux | long |
| bon | agréable | riche | chaud | possible |
| poli | facile | sale | haut | joli |

IV. Quels services peut-on rendre à un ami qui est malade ?

V. Parlez un peu de la ville (ou du village) que vous habitez. Décrivez les environs de la ville (ou du village).

## CHAPITRE III

## UN PAYSAN PRUDENT

—Décidément, dit Pierre, il est trop tard pour mener la vache aux champs, mais il y a sur le chaume de la maison beaucoup d'herbe qu'on n'a pas coupée. Notre bête ne perdra rien à rester à la maison.

La vache sortie de l'étable, il ne fut pas trop difficile de la faire monter sur le toit, car la maison était construite dans un creux; une large planche fit l'affaire, et voilà la vache installée sur le toit. Pierre ne pouvait pas y rester à garder la bête: il fallait faire la soupe; mais c'était un homme prudent, et il ne voulait pas exposer sa vache à rompre les os; il lui attacha donc une corde autour du cou, et il fit descendre cette corde avec soin par la cheminée de la cuisine; cela fait, il rentra dans la maison, et s'attachant la corde autour de la jambe:

—De cette façon, pensa-t-il, je suis bien sûr que l'animal se tiendra tranquille et qu'aucun mal ne lui arrivera.

Il remplit alors la marmite, y mit un bon morceau de lard, des légumes et de l'eau, la plaça sur des fagots, et se préparait à allumer le feu, lorsque tout à coup, patatras! voilà la vache qui glisse du toit et qui tire mon homme en haut de la cheminée, la tête en bas, les pieds en l'air! Où serait-il allé? On n'en sait rien. Heureusement qu'une grosse barre de fer l'arrêta au passage. Et les voilà qui pendent tous les deux, la vache en dehors, Pierre en dedans, tous deux entre ciel et terre et poussant des cris affreux.

Par bonheur la ménagère arriva peu après à la maison. En voyant la vache pendue, elle alla vite chercher un couteau et coupa la corde. Ce fut une grande joie pour la

*LA PROVENCE.  Le moulin d'Alphonse Daudet.  Arlésiennes*

pauvre bête qui se retrouva sur le seul plancher qu'elle aime.
De son côté, Pierre tomba droit dans la marmite la tête la
première.  Heureusement que le feu n'avait pas pris, et
l'eau était froide.

D'après LABOULAYE

1. Quelle différence y a-t-il entre une *étable* et une *écurie*?
2. Comment la vache monta-t-elle sur le toit?
3. Que fit Pierre pour empêcher la vache de tomber?
4. Qu'arriva-t-il quand la vache glissa du toit?
5. Qu'est-ce qui arriva quand la bonne femme coupa la
   corde?
6. Faites un petit résumé de cette histoire.

## LE VILLAGE NATAL

Paris brille comme un flambeau;
Sa voix me séduit et m'enchante;
Mais mon village natal chante
En mon cœur un hymne plus beau.

Mon joli village repose
Au fond d'un val, ainsi qu'un nid;
Il est pour moi la grande chose,
Quoique modeste et tout petit.

1. Qu'est-ce que Paris? Où est situé Paris? Y êtes-vous jamais allé(e)? Par quoi cette ville est-elle célèbre?
2. «Paris brille comme un flambeau.» Que veut dire le poète?
3. Quelle ville appelle-t-on quelquefois *la Ville-Lumière*?
4. Que veut dire «mon village *natal*»?
5. Comment est ce village? Décrivez la situation du village.

---

### 3. GRAMMAIRE

Study §§ 6–8, pp. 164–65, in which the following points are dealt with:—Form and use of the Past Historic and of the Imperfect; three types of narrative.

### 3. EXERCICES: PREMIÈRE SÉRIE

I. Conjuguez:

Je voulais le faire.
J'allai en France.
J'appris les nouvelles.
Je courus le chercher.
Je revins chez moi.

17

II. Exemple: voir; nous voyons, je voyais.

Give the same parts of:

| déranger | être | disparaître |
| remplacer | dire | sourire |
| réfléchir | écrire | lire |
| s'asseoir | boire | recevoir |
| permettre | comprendre | plaire |
| faire | croire | appartenir |

Traduisez:

1. I was writing a letter. 2. I used to write to them often. 3. I wrote to them every week. 4. After dinner I would write a few letters or read a book. 5. The road was lined with poplar trees. 6. This little road led to a village.

III. Mettez les verbes au passé historique:

nous voyageons; tu lances; ils jettent; elle répète; vous annoncez; il a; elles sont; j'offre; tu fais; je vois; nous disons; vous écrivez; elle boit; nous pouvons; ils veulent; tu sais; ils deviennent; il voit; je remets; ils surprennent; nous croyons; vous paraissez; elles rient; tu relis; nous sentons; il pleut; j'accours; tu poursuis; elle doit; vous apercevez; ils meurent; nous accueillons; elle plaît; ils combattent; il faut; j'interromps.

IV. Traduisez:

M. Beaubec was[1] a very absent-minded man. One day he wished to send several books to a friend. He made[2] a parcel of the books and took the parcel to the Post Office. The next morning, while he was reading the newspaper, there was a knock[3] at the

18

door. As he was[1] alone in the house, M. Beaubec
opened the door himself.[4] It was the postman, who
wished him good morning and handed him[5] a parcel.
M. Beaubec carried the parcel into his study and
opened it. "What!" he exclaimed,[6] "they are[7] the
books I sent[8] to my friend Lebon! I sent them to
him[9] yesterday! . . . Oh! I see, I made a mistake,
I wrote my own address on the parcel!"

1. Tense for description?    2. Past historic.    3. "one knocked".
4. § 49 (*f*).    5. "to him".    6. Inversion: "exclaimed he".    7. *ils sont*
or *ce sont?* § 51.    8. Perfect tense, now that the man is speaking.
9. Order of pronouns? § 44.

**V.** (Pp. 180–81, §§ 36, 37) Mettez au féminin les adjectifs
suivants:

| | | | |
|---|---|---|---|
| entier | vieux | long | gras |
| merveilleux | frais | blanc | bas |
| vif | bon | doux | gros |
| ancien | fou | sec | inquiet |
| actuel | public | gentil | roux |
| nouveau | favori | épais | faux |

Donnez le féminin des noms suivants:

| | | |
|---|---|---|
| le frère | le monsieur | le marchand |
| un enfant | le garçon | l'épicier |
| l'homme | un ami | le paysan |
| le mari | le camarade | un Français |
| le fils | le visiteur | le boulanger |
| le grand-père | le maître | un ouvrier |
| l'oncle | le concierge | un étranger |
| le cousin | le voisin | le malade |
| le petit-fils | le fermier | le Parisien |

19

### 3. EXERCICES: DEUXIÈME SÉRIE

I. Histoires connues.

    (a) Racontez comment le Chat botté tua le géant. (Le géant se changea en souris.)

    (b) Racontez comment Alice entra au pays des merveilles.

II. Faites une liste des viandes, des légumes, des fruits et des boissons qui figurent sur les menus de restaurant.

III. *Scène:* Un restaurant.

    *Personnages:* Deux jeunes gens (ou deux jeunes filles).
                    Le garçon (Alphonse).

    Les deux amis (amies) entrent au restaurant. Ils se mettent à table. Alphonse leur passe le menu. Ils choisissent, ils mangent, ils paient, ils sortent.

IV. Comment peut-on s'amuser à la maison? dans une ville? à la campagne? au bord de la mer?

V. Scène comique chez le dentiste.

    *Personnages:* M. Joufflu.
                  Mme Joufflu.
                  M. Arracheux, dentiste.

*Scène I<sup>ère</sup>.* M. Joufflu a mal aux dents. Sa femme lui conseille d'aller voir le dentiste.

*Scène II.* M. Joufflu arrive chez le dentiste, la tête enveloppée d'un grand cache-nez. Le dentiste commence les opérations. Scène formidable.

    Expressions: Une dent malade.
                    Arracher une dent.
                    Est-ce que je vous fais mal?

# CHAPITRE IV

## LE PRENEUR DE RATS

Mais, quand l'étranger se présenta à l'hôtel de ville pour toucher la récompense promise, le maire et les bourgeois, réfléchissant qu'ils n'avaient plus rien à craindre des rats, n'eurent pas honte de lui offrir dix ducats, au lieu des cent qu'ils avaient promis. L'étranger protesta; il menaça de les faire payer bien plus cher, s'ils ne tenaient pas leur promesse. Les bourgeois éclatèrent de rire à cette menace et le mirent à la porte de l'hôtel de ville.

Le vendredi suivant, à l'heure de midi, l'étranger reparut sur la place du marché, mais cette fois avec un chapeau rouge. Il tira de son sac une flûte bien différente de la première et, dès qu'il eut commencé à jouer de cette flûte, tous les garçons de la ville, depuis six jusqu'à quinze ans, le suivirent et sortirent de la ville avec lui. Ils le suivirent jusqu'à une caverne dans la montagne de Koppenberg. Le joueur de flûte entra dans la caverne et tous les enfants avec lui. On entendit quelque temps le son de la flûte; il diminua peu à peu; enfin l'on n'entendit plus rien. Les enfants avaient disparu, et depuis ce temps on n'en eut jamais de nouvelles . . . Mais le plus curieux, c'est que dans le même temps parurent, bien loin de là, en Transylvanie, certains enfants qui parlaient bien l'allemand, et qui ne pouvaient pas dire d'où ils venaient. Ils se marièrent dans le pays, apprirent leur langue à leurs enfants, si bien que jusqu'à ce jour on parle allemand en Transylvanie.

D'après Prosper Mérimée

1. Dans quel pays se passe cette histoire ? De quelle ville s'agit-il ?
2. Pouvez-vous raconter la première partie de l'histoire ?
3. Décrivez un rat. Où vivent les rats ? De quoi vivent-ils ? Pourquoi n'aime-t-on pas les rats ? Sont-ce des bêtes dangereuses ? Quels animaux chassent et tuent les rats ?
4. Quelle récompense les bourgeois avaient-ils promise au joueur de flûte ? Pourquoi ne voulaient-ils plus tenir leur promesse ? Comment l'étranger se vengea-t-il ?

---

Que la soirée est fraîche et douce!
Oh! viens! il a plu ce matin;
Les humides tapis de mousse
Verdissent tes pieds de satin.
L'oiseau vole sous les feuillées,
Secouant ses ailes mouillées;
Pauvre oiseau que le ciel bénit!
Il écoute le vent bruire,
Chante, et voit des gouttes d'eau luire
Comme des perles dans son nid.

VICTOR HUGO

1. Quel lieu le poète décrit-il ?
2. A quel moment de la journée voit-il cette scène ?
3. En quelle saison est-on ?
4. Quels bruits le poète entend-il ?
5. Nommez les quatre saisons. Quelle saison aimez-vous le mieux ? Pourquoi l'aimez-vous ?

---

#### 4. GRAMMAIRE

(a) The verb **craindre**, *to fear*.

PRESENT PARTICIPLE: craignant, *fearing*.
PAST PARTICIPLE: craint, *feared*.
PERFECT TENSE: j'ai craint, etc.

| je crains | nous craignons |
|-----------|----------------|
| tu crains | vous craignez |
| il craint | ils craignent |

IMPERFECT: je craignais, etc.

PAST HISTORIC: je craignis, etc.

FUTURE: je craindrai, etc.

Similar verbs: **plaindre**, *to pity*; **se plaindre**, *to complain*; **joindre**, *to join*; **éteindre**, *to extinguish*; and other verbs ending in **-aindre**, **-eindre**, **-oindre**.

(*b*) Revise the Pluperfect tense, and learn the form and the use of the Past Anterior tense. (Study § 9, p. 166.)

### 4. EXERCICES: PREMIÈRE SÉRIE

I. Conjuguez:

| J'avais gagné. | J'eus quitté. |
|----------------|----------------|
| J'étais entré(e). | Je fus descendu(e). |
| Je m'étais battu(e). | Je me fus retourné(e). |

II. Exemple: je prends; j'avais pris.

Similarly, change the following to the Pluperfect tense:

ils abattent; vous disparaissez; nous partons; elles s'enfuient; ne dors-tu pas? ils n'arrivent pas; ouvre-t-il? nous ne nous promenons pas; elle se plaint; elles attendent; ils montent; nous ne permettons pas; elles se lèvent.

III. Complete with the Pluperfect or the Past Anterior, as the case requires:

23

1. Elle m'apporta les fleurs qu'elle (avoir) cueillies.
2. Dès qu'elle (être) sortie, le jeune homme se mit à jouer du piano.
3. L'ennemi nous (avoir) entendus.
4. Quand le curé (avoir) fini de parler, je me levai pour partir.
5. Mes parents (être) déjà rentrés.
6. Aussitôt que la petite se (être) endormie, la mère sortit doucement de la chambre.
7. Quand les soldats (être) partis, Fernand rentra dans la salle.
8. La concierge se (être) couchée de bonne heure.
9. Lorsque le vieillard (avoir) compté son argent, il le cacha de nouveau sous son lit.
10. Le bonhomme vint chercher la canne qu'il (avoir) laissée chez nous.

IV. Traduisez:

When M. Roche had finished[1] telling[2] his story everybody laughed heartily. As soon as the laughter had ceased,[1] old[3] M. Maillard, who was very deaf, said, "Listen, gentlemen, I'll tell you a good story too; a friend of mine[4] told[5] it to me[6] the other day." And he told the same story that M. Roche had just[7] told, and in almost the same words. When he had[1] finished telling[2] it, everybody laughed still louder. M. Maillard was very pleased. "A wonderful story, isn't it?" he said, raising[8] his glass.

1. P. Anterior. 2. To finish (doing), *finir de (faire)*. 3. Def. article required; §30. 4. "one of my friends". 5. Past part. agreement? 6. Order of pronouns? §44. 7. §11. 8. §17.

V. (P. 177, §31) Complete with the Partitive Article or with **de**:

1. Voulez-vous — omelette ? 2. Tu n'as pas — gants ?
3. Y a-t-il — moutarde ? 4. As-tu — papier buvard ?
5. Je n'ai pas — stylo. 6. Voici — vieilles lettres.
7. Connaissez-vous — chansons ? 8. Tu portes — jolis
souliers. 9. Ne faites pas — bruit. 10. Ils n'avaient
plus — nourriture. 11. Il n'y a jamais — craie ici.

VI. (P. 178, § 32) Traduisez:

many things; too many mistakes; too much soap;
enough sugar; less time; fewer flies; how many desks?
so much noise; so many haricot beans; a little butter;
few visitors; as many taxis; more than six months;
more than 100 kilometres; some more salad, please;
most people; most of the workmen; half my money.

#### 4. EXERCICES: DEUXIÈME SÉRIE

I. Consultez la carte de France. Décrivez la situation
des villes suivantes:

| | | |
|---|---|---|
| Paris | Lyon | Le Havre |
| Bordeaux | Nancy | Nantes |
| Toulouse | Lille | Tours |
| Marseille | Reims | Orléans |
| Clermont-<br>Ferrand | Rouen<br>Caen | |

MOTS ET EXPRESSIONS

être situé, se trouver
le Midi
l'embouchure

| | |
|---|---|
| le nord | le nord-est |
| le sud | le nord-ouest |
| l'est | le sud-est |
| l'ouest | le sud-ouest |

25

2

*L'AUVERGNE.* La ville de St.-Flour

II. Situation comique.

*Personnages:* Mme Frousse.

Mme Caquet, une voisine.

3 agents de police.

Mme Frousse rentre chez elle. En entrant dans le salon, elle aperçoit une paire de souliers derrière le rideau. Elle croit que c'est un voleur qui se cache. Elle court chez sa voisine. On téléphone au poste de police. Arrivent trois agents. Ils entrent dans la maison avec Mme Frousse. On découvre que ce sont des souliers de M. Frousse.

III. Racontez ce que vous avez fait samedi dernier.

IV. Les élèves se décriront les uns les autres (voir p. 179, § 33*c*). Ou bien le professeur décrira des personnes connues de tout le monde, et les élèves devineront qui elles sont.

## CHAPITRE V

### UNE FEMME SENSÉE

«Cet enfant va vous embarrasser. Il n'est pas bien commode avec les personnes qu'il ne connaît pas.

—Il n'est pas commode? dit Thérence, en prenant Charlot sur ses genoux. Qu'est-ce qu'il y a donc de si difficile à gouverner un petit comme ça? Je n'ai jamais essayé, mais cela ne doit pas être difficile . . . Voyons, mon petit, que te faut-il? Ne veux-tu pas manger?

—Non, dit Charlot.

—C'est comme il te plaira. Je ne te force point, mais quand tu souhaiteras ta soupe, tu pourras la demander; je veux bien te servir, et même t'amuser, si tu t'ennuies. Dis, veux-tu t'amuser avec moi?

—Non, dit Charlot.

—Eh bien, amuse-toi tout seul, dit tranquillement Thérence en le mettant à terre. Moi, je vais aller voir le beau petit cheval qui mange dans la cour.»

Elle fit mine d'y aller, Charlot pleura. Thérence fit semblant de ne pas l'entendre. Il vint à elle.

«Eh bien, qu'est-ce qu'il y a? dit-elle, comme étonnée; dépêche-toi de le dire, ou je m'en vais; je n'ai pas le temps d'attendre.

—Je veux voir le beau petit cheval noir, dit Charlot en sanglotant.

—Bon! viens, mais sans pleurer, car il se sauve quand il entend crier les enfants.»

Charlot alla caresser et admirer le petit cheval.

«Veux-tu monter dessus? dit Thérence.

—Non, j'ai peur.

—Je te tiendrai.

—Non, j'ai peur.

—Eh bien, n'y monte pas.»

Au bout d'un moment, il y voulut monter.

«Non, dit Thérence, tu auras peur.

—Non.

—Si, tu auras peur.

—Eh non!» dit Charlot.

Elle le mit sur le cheval, qu'elle fit marcher en tenant l'enfant bien adroitement.

Charlot, qui se croyait le maître avec tout le monde, fut étonné de voir qu'il ne l'était point avec Thérence. Aussi, au bout d'une demi-heure, devint-il tout à fait gentil, demandant lui-même ce qu'il souhaitait, et se dépêchant d'accepter ce qui lui était offert. Thérence le fit manger, et j'admirai comme elle sut mesurer ce qu'il lui fallait, sans trop ni trop peu, comme elle sut ensuite l'occuper à côté d'elle tout en s'occupant elle-même, causant avec lui comme avec une personne raisonnable.

D'après GEORGE SAND

1. Parlez-vous aussi bien le français que Thérence et Charlot?

2. Depuis combien de temps apprenez-vous le français? Est-ce que le français vous semble difficile?

3. Lorsqu'un Français vous parle, est-ce que vous comprenez tout ce qu'il vous dit?

4. Avez-vous des amis en France? Quand comptez-vous aller en France?

## PLAISIR D'AMOUR

Plaisir d'amour ne dure qu'un moment,
Chagrin d'amour dure toute la vie.
J'ai tout quitté pour l'ingrate Sylvie,
Elle me quitte et prend un autre amant.
Plaisir d'amour ne dure qu'un moment,
Chagrin d'amour dure toute la vie.

«Tant que cette eau coulera doucement
Vers ce ruisseau qui borde la prairie,
Je t'aimerai,» me répétait Sylvie . . .
L'eau coule encor, elle a changé pourtant!
Plaisir d'amour ne dure qu'un moment,
Chagrin d'amour dure toute la vie.

FLORIAN

1. Pourquoi le poète est-il triste?
2. Quelle promesse Sylvie lui avait-elle faite?
3. A-t-elle tenu sa promesse?
4. Connaissez-vous la chanson délicieuse de Martini, «Plaisir d'amour»?
5. Nommez quelques musiciens français, avec les œuvres qui les ont rendus célèbres.
6. Quelle musique goûtez-vous le plus?

---

### 5. GRAMMAIRE

Revise the Future tense and the Conditional tense of verbs (§ 12, p. 168).

Learn the Future Perfect and Conditional Perfect of verbs (§ 13, p. 169).

Study carefully the examples given in § 14, p. 169.

*PARIS.  Le Palais de Justice: "La Tour de l'Horloge."*

I. Conjuguez:

> J'ajouterai.
> Je perdrais.

Exemple: briser; nous briserons, nous briserions.

Give the same parts of:

| | | | |
|---|---|---|---|
| pouvoir | appeler | avoir | craindre |
| aller | recevoir | emmener | voir |
| convenir | savoir | faire | devoir |
| espérer | être | s'en aller | renvoyer |
| surprendre | nettoyer | vouloir | cueillir |
| courir | s'asseoir | parvenir | retenir |

II. Conjuguez:

> J'aurai lu.
> Je serai revenu(e).
> Je me serai baigné(e).

> J'aurais cru.
> Je serais resté(e).
> Je me serais battu(e).

Mettez les verbes au temps convenable:

1. Quand vous le (voir), priez-le de venir nous voir.
2. Dès qu'elle (venir), je lui en parlerai. 3. Il a dit qu'il le ferait quand il (avoir) le temps. 4. Elle a dit qu'elle nous écrirait quand elle (arriver) chez elle. 5. Aussitôt que j' (avoir) écrit cette lettre, je la mettrai à la poste. 6. Quand ces clients (être) partis, je fermerai la boutique. 7. Vous m'avez dit que vous me prêteriez ce roman quand vous l'(avoir) lu. 8. Papa m'a dit que je pourrais jouer du piano quand il (être) sorti.

III. Traduisez:

When I come out[1] of school I shall catch the 4.10 train[2] and I shall get home at twenty to five.[2] When I have had[1] tea I shall do my piano practice. We shall not have any[3] homework to-night, so I shall be able to listen to the wireless. I don't know (at) what time I shall go to bed. If my father is[4] at home I shall go to bed at nine o'clock, but if Mother is[4] alone I shall go to bed much later. Before having[5] my bath I shall put a hot-water bottle in my bed. When I have had[1] my bath I shall get into[6] my warm bed and I shall read a book . . . and in the middle of an interesting chapter I shall probably[7] hear Father's voice: "Will[8] you put out that light!"

1. Tense? § 14.    2. "the train of 4.10"; for times see § 75.    3. § 31.
4. § 15.    5. Infinitive, § 23.    6. "put myself into".    7. Adverb after verb.
8. *vouloir*, § 26.

IV. (Pp. 199–200, §§ 74–75) Récitez les noms des douze mois.
Écrivez en français les dates suivantes:

| | |
|---|---|
| 11.xi.1918 | 21.viii.1870 |
| 20.i.1949 | 14.vii.1789 |
| 17.vi.1815 | 31.x.1848 |
| 8.v.1945 | 25.iv.1889 |
| 2.ix.1939 | 8.xii.1910 |
| 1.iii.1821 | 15.ii.1756 |

Quel jour sommes-nous aujourd'hui?
Le combien du mois sommes-nous aujourd'hui?

Quelle heure est-il?

| | | |
|---|---|---|
| 12.00 (jour) | 2 p.m. | 1.10 |
| 12.30 (nuit) | 3.30 | 10.25 |
| 6 a.m. | 5.15 | 6.40 |
| 9 p.m | 7.45 | 2.55 |

*VERSAILLES*

V. (Pp. 183–84, §§ 42–45) Remplacez les mots en italique par des pronoms:

1. Je vais *au théâtre*. 2. *La bonne* apportera *du lait*. 3. J'ai entendu parler *de ces rochers*. 4. Je n'ai plus besoin *de ce pardessus*. 5. *Mon oncle* a deux *autos*. 6. Voilà *la Tour Eiffel*! 7. Voici *tes chaussettes*! 8. *La demoiselle* montra *son billet au contrôleur*. 9. *Ce monsieur* m'a prêté *ses journaux*. 10. J'avais mis *les enveloppes* dans ce tiroir. 11. Il y a *des renards* dans ce pays. 12. *La paysanne* leur donna *des cerises*. 13. Il nous a emmenés *au Louvre*. 14. Dites-moi *votre nom*. 15. Rendez *son passeport à ce monsieur*. 16. Donnez-leur *des prunes*. 17. Ne lui prêtez pas *votre bicyclette*. 18. Ne nous rendez pas *ces jouets*.

## 5. EXERCICES: DEUXIÈME SÉRIE

I. Sujet: les montagnes et les fleuves de France. (Consultez la carte de France.)

> Ce fleuve prend sa source . . .
> Il passe à (Lyon) . . .
> Il se jette à la mer . . .

II. Quelles sont les différentes manières de voyager? Expliquez ces termes:

un rapide  
un express  
un train omnibus

un autorail  
un train de marchandises

Nommez les différentes parties d'une grande gare.

III. *Personnages:*

Pauline Morlaix, jolie jeune fille de 17 ans.  
Ses parents, M. et Mme Morlaix.  
Mme Deslandes, une amie des parents.

*Scène I<sup>ère</sup>.* Pauline revient d'une soirée donnée par Mme Deslandes. Elle découvre en rentrant qu'elle a perdu un bijou précieux que sa mère lui avait prêté pour aller à cette soirée. Elle le dit à ses parents. On téléphone à Mme Deslandes pour savoir si le bijou a été retrouvé. Au bout de quelque temps Mme Deslandes téléphone l'heureuse nouvelle que le bijou a été retrouvé.

*Scène II.* Le lendemain Pauline va chez Mme Deslandes reprendre son bijou.

IV. Donnez la définition des noms suivants:

un(e) domestique  
une cuisinière  
un jardinier  
un chauffeur  
un facteur

un médecin  
un dentiste  
un coiffeur  
un douanier  
un fermier

un berger  
un pêcheur  
un cavalier  
un chasseur  
un voleur

## CHAPITRE VI

### L'ANCIEN FORÇAT

Un homme entra. Il fit un pas et s'arrêta, laissant la porte ouverte derrière lui. Il avait son sac sur l'épaule, son bâton à la main, une expression fatiguée et violente dans les yeux. Le feu de la cheminée l'éclairait.

Madame Magloire n'eut pas même la force de pousser un cri. L'évêque fixait sur l'homme un œil tranquille. Comme il ouvrait la bouche, sans doute pour demander au nouveau venu ce qu'il désirait, l'homme appuya ses deux mains sur son bâton, regarda tour à tour le vieillard et les femmes, et dit d'une voix haute:

«Voici. Je m'appelle Jean Valjean. Je suis un forçat. J'ai passé dix-neuf ans au bagne. Je suis libéré depuis quatre jours et je suis en route pour Pontarlier qui est ma destination. Voici quatre jours que je marche depuis Toulon. Aujourd'hui j'ai fait douze lieues à pied. Ce soir, en arrivant dans ce pays, j'ai été dans une auberge; on m'a renvoyé à cause de mon passeport jaune que j'avais montré à la mairie. J'ai été à une autre auberge. On m'a dit: va-t'en! Chez l'un, chez l'autre, personne n'a voulu de moi. J'ai été à la prison, ils ne m'ont pas reçu. J'ai été dans la niche d'un chien; ce chien m'a mordu et m'a chassé, comme s'il avait été un homme; on aurait dit qu'il savait qui j'étais. Je m'en suis allé dans les champs pour coucher à la belle étoile. J'ai pensé qu'il pleuvrait, et je suis rentré dans la ville. Là, sur la place, j'allais me coucher sur une pierre, une bonne femme m'a montré votre maison et m'a dit: frappez là. Qu'est-ce que c'est ici? Êtes-vous une auberge? J'ai de l'argent, cent neuf francs que j'ai gagnés au bagne par mon travail en dix-neuf ans. Je paierai, j'ai de l'argent. Je suis très fatigué, douze lieues à pied, j'ai bien faim. Voulez-vous que je reste?

—Madame Magloire, dit l'évêque, vous mettrez un couvert de plus.»

VICTOR HUGO, *Les Misérables*

1. Qu'est-ce qu'un forçat? (Commettre des crimes; mettre en prison.)
2. Qu'est-ce qu'un *ancien* forçat?
3. D'où venait cet homme?
4. Comment est-il venu de Toulon?
5. Combien de temps a-t-il mis pour faire ce voyage?
6. Où est situé Toulon?
7. Pourquoi le forçat n'a-t-il pas pu trouver un logement pour la nuit?
8. Comment les gens savaient-ils que cet homme était un ancien forçat?
9. Combien avait-il d'argent? Comment avait-il obtenu cet argent?
10. Qu'est-ce qui montre que le prêtre avait le cœur bon?
11. Savez-vous la suite de cette histoire?

------------

Sois humble! que t'importe
Le riche et le puissant?
Un souffle les emporte.
La force la plus forte
C'est un cœur innocent.

Bien souvent Dieu repousse
Du pied les hautes tours;
Mais dans le nid de mousse,
Où chante une voix douce,
Il regarde toujours.

VICTOR HUGO

## 6. GRAMMAIRE

The verb **conduire**, *to lead* or *to drive*.

PRESENT PARTICIPLE: conduisant.

PAST PARTICIPLE: conduit (PERFECT: j'ai conduit, etc.).

PRESENT TENSE

| | |
|---|---|
| je conduis | nous conduisons |
| tu conduis | vous conduisez |
| il conduit | ils conduisent |

IMPERFECT: je conduisais.

PAST HISTORIC: je conduisis.

FUTURE: je conduirai.

Similar verbs: **construire**, *to construct*; **produire**, *to produce*; **traduire**, *to translate*.

## 6. EXERCICES: PREMIÈRE SÉRIE

I. Conjuguez:

Je rejoins mes compagnons.

J'éteignis la lumière.

Je construis un mur.

Je conduisis mes bêtes aux champs.

II. (Pp. 171–73, §§ 19–21) Complete with a preposition (**à** or **de**) where necessary:

1. Je désire — voir le patron. 2. Puis-je — vous proposer quelque chose de nouveau? 3. Elle a décidé — partir. 4. Ils commencèrent — jouer. 5. Nous aimons mieux — déjeuner chez nous. 6. J'apprends — conduire une auto. 7. Nous regrettons — les voir partir. 8. Invitez-les — venir dimanche prochain. 9. Tu n'as rien — dire. 10. Priez ce monsieur — attendre. 11. J'hésite — l'accepter. 12. Vous n'osez pas — le faire. 13. Je serai content — les recevoir. 14. Nous sommes prêts — vous suivre. 15. N'oubliez pas — fermer la barrière.

III. (P. 182, §§ 40, 41) Exemple:

> Maurice est plus intelligent que Jean.
> Maurice est aussi intelligent que Jean.
> Maurice est moins intelligent que Jean.
> Maurice n'est pas si intelligent que Jean.

Do similar practice with:

1. Ce lac est — grand que l'autre.
2. Il fait — chaud qu'hier.
3. Les voyages en auto sont — intéressants que les voyages en chemin de fer.

Give the adjective the superlative form:

| | |
|---|---|
| la haute colline | les bons hôtels |
| l'excellent repas | la bonne situation |
| sa belle robe | la petite difficulté |
| nos grosses poires | les petites différences |

les figures charmantes
la peau blanche
le teint clair
mes amis fidèles
son aventure remarquable

Traduisez:

> Those people get (*devenir*) richer and richer.
> This basket seems to get heavier and heavier.
> You have the best house in the street.
> Ligugé is the prettiest village in the district.

IV. (P. 185, § 47) Remplacez le tiret par un pronom relatif (**qui, que, dont** ou **à qui**):

1. C'est un imbécile — ne comprend rien. 2. Voilà des gens — je connais! 3. Quel est le camarade — tu écris? 4. Ce sont des articles — coûtent cher. 5. Je vous donnerai l'argent — vous aurez besoin. 6. Où

est ce porte-plume — j'avais tout à l'heure? 7. Voilà
cet Anglais — je vous avais parlé! 8. J'avais une
valise — j'avais perdu la clef.

V. Traduisez:

Richard was in the dining-room, reading[1] an
interesting book. Grandma came in[2] and sat down[2]
by the fire. "Oh, Richard," she said,[3] "I went up[4] to
my room a few minutes ago and I left my spectacles
there. Will[5] you fetch them, please?" Richard went
out, and a minute later he came back with the spectacles. He picked up his book and began to[6] read.
"Oh, Richard," said Grandma after[7] a moment, "I've
got cold feet,[8] will[5] you fetch my slippers?" Richard
brought her[9] her slippers. Five minutes later Grandma
said, "Oh, Richard, fetch me my scissors, will[5] you?"
Richard did not look up. "Oh, Richard!" said
Grandma, "you aren't a nice boy. When your father
was young he was always very kind to[10] his poor old
grandmother." Richard smiled and said, "Oh, sorry,
Grandma," and he fetched the scissors.

1. §17. 2. Past historic. 3. Inversion: "said she". 4. Perfect tense in
conversation. 5. *vouloir*, §26; for "you" use *tu* here. 6. "To begin to
(do)", *commencer à (faire)*. 7. *au bout de*. 8. §33. 9. "to her". 10. *pour*.

## 6. EXERCICES: DEUXIÈME SÉRIE

I. Pourriez-vous raconter la fable du renard et du corbeau?

II. Scène à jouer.

Vous êtes deux camarades. Vous faites ensemble
une longue promenade à la campagne. Vous vous
égarez; la nuit tombe; vous apercevez une ferme, vous
y allez demander votre chemin. Les bons fermiers
vous font entrer; ils vous offrent un verre de lait; ils
vous ramènent chez vous dans leur voiture.

III. Quels sont les monuments célèbres de Paris?

Nommez quelques châteaux célèbres, situés en France ou ailleurs.

IV. Présentations.

Un(e) élève fera le monsieur (ou la dame) à qui un(e) autre élève présentera un certain nombre de ses amis.

Je vous présente . . .
Permettez-moi de vous présenter . . .
Bonjour, madame (monsieur).
Enchanté(e), madame . . .
Enchanté(e) de faire votre connaissance, madame.

LA CORSE. *La ville de Corte*

## CHAPITRE VII

## LA FEMME QUI NE GRONDAIT JAMAIS SON MARI

«Alors, dit Pierre à François, tu es parti avec une belle vache, et tu reviens les poches vides, sans un sou. Tu seras joliment reçu par ta femme. Que le ciel te protège! Pour dix écus je ne voudrais pas être dans tes souliers.

—Sois tranquille, mon ami, ma femme est si bonne qu'elle n'aura pas un mot à dire sur tout ce que j'ai fait ... Veux-tu parier que j'ai raison? J'ai cent écus chez moi, j'en risque vingt; en fais-tu autant de ton côté?

—Bon! dit Pierre, c'est entendu; celui qui gagnera prendra les vingt écus de l'autre.»

Les deux amis arrivèrent à la maison de François. Pierre se cacha près de la porte pour écouter les époux.

«Bonsoir, ma vieille, dit François.

—Bonsoir, répondit la bonne femme, est-ce toi, mon ami? Comment ta journée s'est-elle passée?

—Ni bien ni mal, dit François. Arrivé à la ville, je n'ai trouvé personne à qui vendre notre vache, aussi l'ai-je changée contre un cheval.

—Contre un cheval! dit la femme, c'est une bonne idée, je t'en remercie de tout mon cœur. Nous pourrons donc aller en voiture à l'église. Où est le cheval? Il faut le mettre à l'écurie.

—Je ne l'ai pas amené jusqu'ici, dit François; chemin faisant, j'ai changé d'avis: j'ai troqué le cheval contre un porc.

—Ah bien! dit la femme, c'est juste ce que j'aurais fait à ta place. Cent fois merci. Maintenant, quand mes voisins viendront me voir, j'aurai, comme tout le monde, un morceau de jambon à offrir. Allons, il faut mettre le porc dans son parc.

—Je n'ai pas amené le porc, dit François; chemin faisant, je l'ai changé contre une chèvre.

—Bravo! dit la bonne femme, que tu es un homme sage et intelligent! En y réfléchissant, qu'aurais-je fait d'un cochon? Mais avec ma chèvre j'aurai du lait, du fromage, sans parler des chevreaux. Va mettre la chèvre à l'étable.

—Je n'ai pas amené la chèvre non plus, dit François; chemin faisant, je l'ai troquée contre une brebis.

—Oh! c'est fort bien! dit la femme, c'est pour moi que tu as fait cela. Suis-je d'âge à courir partout après une chèvre? Mais une brebis me donnera sa laine et son lait. Mets la brebis à l'étable.

—Je n'ai pas amené la brebis non plus, dit François; chemin faisant, je l'ai changée contre une oie.

—Merci, merci de tout mon cœur, dit la bonne femme. Qu'aurais-je fait d'une brebis? Mais une oie, une oie grasse, sans doute, voilà ce que je désirais. Il faut enfermer l'oie au poulailler.

—Je n'ai pas non plus amené l'oie, dit François; car, à la nuit tombante, j'avais tellement faim que j'ai été obligé de vendre l'oie pour un écu, sans quoi je serais mort de faim.

—Quelle bonne idée! s'écria la bonne ménagère; tout ce que tu fais, cher ami, est toujours selon mon cœur.»

Alors François ouvrit la porte.

«Eh bien! voisin Pierre, dit-il, qu'est-ce que je t'avais dit? Va chercher tes vingt écus!»

D'après LABOULAYE

1. Qu'est-ce qui est arrivé à François?
2. Qu'a-t-il fait de son argent?
3. Que pensez-vous de sa femme?
4. Nommez les différents animaux domestiques, et dites quels services chaque animal rend à l'homme, ou ce qu'il fournit à l'homme.

## PARIS A CINQ HEURES DU MATIN

L'ombre s'évapore,
Et déjà l'aurore
De ses rayons dore
Les toits d'alentour;
Les lampes pâlissent,
Les maisons blanchissent,
Les marchés s'emplissent,
On a vu le jour.

DÉSAUGIERS

1. Dans le poème, qu'est-ce qui indique le commencement d'une journée splendide?
2. Quels gens vont aux marchés à cinq heures du matin?
3. Quelles marchandises apporte-t-on aux marchés des grandes villes?
4. Comment transporte-t-on toutes ces marchandises?

---

## 7. GRAMMAIRE

Tenses used with **si**.
Study the types of conditional sentences dealt with in § 15, p. 169. Study also (§ 15) the examples which show when **si** may be followed by the Future or the Conditional.

## 7. EXERCICES: PREMIÈRE SÉRIE

I. (P. 169, § 15) Mettez les verbes au temps convenable:
    1. S'il (écrire), je répondrai.
       S'il (écrire), je répondrais.
       S'il (écrire), j'aurais répondu.

2. S'ils (venir), nous irons au théâtre.
   S'ils (venir), nous irions au théâtre.
   S'ils (venir), nous serions allés au théâtre.
3. Si je (se réveiller) de bonne heure, je me lèverai.
   Si je (se réveiller) de bonne heure, je me lèverais.
   Si je (se réveiller) de bonne heure, je me serais
   levé.

Traduisez:
1. I wonder if we shall see them in town.
2. Ask him if the train will leave from this platform.
3. We did not know whether they would arrive in time.
4. I was wondering if she would telephone.

II. (P. 186, § 49) Mettez au pluriel:
   1. Devant lui; avec toi; chez elle; pour moi. 2. Il s'approcha de moi. 3. Elle s'est moquée de toi. 4. C'est moi; c'est lui; c'est toi; c'est elle. 5. Quel est le garçon qui t'ennuie?—Lui. 6. Quelle est la fillette qui va chanter?—Moi. 7. Moi, je n'en sais rien. 8. Toi, tu es toujours en retard. 9. Lui n'a rien fait. 10. Tu joues mieux que lui. 11. Je suis moins gai qu'elle. 12. Je l'ai entendu moi-même. 13. Il est venu lui-même. 14. Tu as ri toi-même!

III. Exemple:
   chercher; il cherche, il chercha, il cherchera.
Give the same part of the Present, Past Historic and Future of:

| | | |
|---|---|---|
| partager | écrire | se souvenir |
| prononcer | boire | vouloir |
| répandre | pouvoir | surprendre |
| réussir | devenir | croire |
| avoir | savoir | produire |
| faire | permettre | rejoindre |

**IV.** (P. 191, § 59)  Traduisez:

1. You don't say anything. 2. Nothing surprises me. 3. What has he done?—Nothing. 4. We don't know anyone here. 5. Nobody is listening. 6. She doesn't write to anybody. 7. Who knows it?—Nobody. 8. They never come. 9. Do they invite you?—Never. 10. We don't go there any more. 11. I have only this small room.

**V.** (P. 189, § 54)  Remplacez le tiret par **ce qui** ou **ce que**:

1. Répétez — vous venez de dire. 2. Donnez-moi tout — reste. 3. Savez-vous — s'est passé? 4. As-tu compris tout — ils disaient? 5. J'ai oublié — j'allais vous dire. 6. Je ne vois pas — vous fâche. 7. Je me demande — elle va faire. 8. Il fait tout — lui plaît.

**VI.** Traduisez:

"Grandpa," said little Paul, "do you[1] always put on your glasses when you want to read the newspaper?"—"Yes, I always have to[2] put on my glasses; without my spectacles I can't read, I can't see the words."—"Lend me[3] your spectacles then, Grandpa, and I[4] will try to[5] read the newspaper."—"No, my child, even with glasses you[1] wouldn't be able to read; you haven't learned to[6] read yet.  How old are you? Four,[7] aren't you?  When you are[8] bigger you will go to school and they will teach you to[6] read.  But, you know, after many, many years, when, alas! I shan't be here any more, you will do as Grandpa does,[9] you will put on your glasses to[10] read the newspaper."

1. *tu.* 2. Use *devoir.* 3. Place of pronoun? § 45. 4. Emphatic, § 49. 5. "To try to (do)", *essayer de (faire).* 6. "To learn (or teach) to (do)", *apprendre à (faire).* 7. "four years". 8. Tense? § 14. 9. "you will do like Grandpa". 10. "in order to", *pour.*

## 7. EXERCICES: DEUXIÈME SÉRIE

**I.** Vous souvenez-vous de l'histoire de Tartarin, le grand chasseur de Tarascon? (La chasse aux chapeaux; la chasse au lion en Afrique.)

**II.** *Scène I^{ère}*. Mme Bébert prie son mari de porter des œufs chez sa vieille tante Hortense, qui habite à quelques kilomètres de chez eux.
*Scène II*. M. Bébert arrive dans son auto chez la tante Hortense. On cause de choses et d'autres, puis M. Bébert explique la raison de sa visite. Il sort chercher les œufs, mais il découvre qu'il a oublié de les mettre dans la voiture!

**III.** Parlez un peu de vos voisins, c'est-à-dire les gens qui habitent tout près de chez vous. Qui sont-ils? Comment sont-ils?

**IV.** A quoi servent les objets suivants:

| | | | |
|---|---|---|---|
| une serviette | un canif | une canne | une théière |
| un tablier | une montre | une chaise | un seau |
| des lunettes | un parapluie | un vase | un sucrier |
| une pipe | un porte-monnaie | un panier | |
| un sac à main | un portefeuille | une assiette | |

**V.** Que ferez-vous ce soir?

# CHAPITRE VIII

## VENDETTA

Les deux hommes se regardèrent quelques secondes avec cette émotion que le plus brave éprouve au moment de donner ou de recevoir la mort.

«Misérable lâche!» s'écria Orso.

Il parlait encore quand il vit la flamme du fusil d'Orlanduccio, et presque en même temps un second coup partit à sa gauche, de l'autre côté du chemin, tiré par un homme qu'il n'avait pas aperçu, et qui se cachait derrière un autre mur. Les deux balles l'atteignirent: l'une, celle d'Orlanduccio, lui traversa le bras gauche; l'autre le frappa à la poitrine, déchira son habit, mais rencontrant heureusement son poignard, ne lui fit qu'une blessure légère. Le bras gauche d'Orso tomba immobile le long de sa jambe et son fusil s'abaissa un instant; mais il le releva aussitôt et fit feu sur Orlanduccio. La tête de son ennemi disparut derrière le mur. Orso, se tournant à sa gauche, tira son second coup sur un homme entouré de fumée, qu'il apercevait à peine. A son tour, cette figure disparut.

Après le dernier coup d'Orso, tout rentra dans le silence. La fumée sortie de son fusil montait lentement vers le ciel. Aucun mouvement derrière le mur, pas le plus léger bruit. Sans la douleur qu'il éprouvait au bras, il aurait pu croire que ces hommes sur qui il venait de tirer étaient des fantômes de son imagination.

Orso fit quelques pas pour se placer derrière un arbre; il mit son fusil entre ses genoux et le rechargea. Cependant son bras gauche le faisait cruellement souffrir, et il lui

47

semblait qu'il soutenait un poids énorme. Qu'étaient devenus ses adversaires? Il ne pouvait le comprendre.

Dans cette incertitude, et sentant ses forces diminuer, il mit en terre le genou droit, appuya sur l'arbre son bras blessé et se servit d'une branche qui partait du tronc de l'arbre pour soutenir son fusil. L'œil fixé sur le mur, l'oreille attentive au moindre bruit, il demeura immobile pendant quelques minutes, qui lui parurent un siècle.

Enfin, bien loin derrière lui, un cri se fit entendre, et bientôt un chien s'arrêta auprès de lui en remuant la queue. C'était Brusco, le compagnon de Brando, annonçant sans doute l'arrivée de son maître.

PROSPER MÉRIMÉE, Colomba

1. Qu'est-ce qu'un lâche?
2. Qu'est-ce qui montre que les ennemis d'Orso étaient des lâches?
3. Lorsqu'on tire un coup de feu, qu'est-ce qui sort du fusil?
4. Où Orso fut-il blessé?
5. Qu'est-ce qui prouve qu'Orso était un homme courageux?
6. Cette aventure se passe en Corse. Qu'est-ce que c'est que la Corse? Où est située la Corse? Quelle est la plus grande ville de la Corse?
7. Faites un petit résumé de cette histoire.

CANNES. *Promenade de la Croisette*

# UN SAULE

Mes chers amis, quand je mourrai,
Plantez un saule au cimetière.
J'aime son feuillage éploré,
La pâleur m'en est douce et chère,
Et son ombre sera légère
A la terre où je dormirai.

ALFRED DE MUSSET

1. Le poète est-il gai ou triste?
2. A quoi pense-t-il?
3. A qui s'adresse-t-il?
4. Quel arbre sera planté près de sa tombe?
5. Où voit-on souvent des saules?

---

## 8. GRAMMAIRE

The general structure of the verb.

Now that we have seen all the forms of the verb (Active Voice, Indicative Mood), let us review them.

Example: **écrire**, *to write*.

### SIMPLE TENSES

**PRESENT**: j'écris, *I write*.
*I am writing.*
**IMPERFECT**: j'écrivais, *I was writing.*
*I used to write.*
*I wrote* (meaning *I used to write* or *I was writing*).
**PAST HISTORIC**: j'écrivis, *I wrote.*
**FUTURE**: j'écrirai, *I shall write.*
**CONDITIONAL**: j'écrirais, *I should* (or *would*) *write.*

PERFECT: **j'ai écrit,** *I have written.*

*I have been writing.*

*I wrote* (conversational **style).**

PLUPERFECT: j'avais écrit, *I had written.*

*I had been writing.*

PAST ANTERIOR: j'eus écrit, *I had written.*

(*e.g.* "When I had written the letter, I went out".)

FUTURE PERFECT: j'aurai écrit, *I shall have written.*

CONDITIONAL PERFECT: j'aurais écrit, *I should have written.*

## 8. EXERCICES: PREMIÈRE SÉRIE

**I.** Give the 1st Person Plural (*nous*) of the 5 simple tenses and of the 5 compound tenses of:

fermer, perdre, bâtir, lire, partir, venir, se coucher.

| | |
|---|---|
| Present | Perfect |
| Imperfect | Pluperfect |
| Past Historic | Past Anterior |
| Future | Future Perfect |
| Conditional | Conditional Perfect |

**II.** (Pp. 189–90, §§ 55–56) Remplacez le tiret par un pronom démonstratif (**celui, ceux, celle** ou **celles**):

1. J'aime mieux ton chapeau que — d'Henriette.
2. Ma robe de chambre est bleue, — de Georges est rouge. 3. Mes pantoufles sont moins jolies que — de maman. 4. Je ne trouve pas mes gants; je porterai — de Louis. 5. C'est dans quel journal? Dans — que vous lisez. 6. Je n'ai pas d'allumettes. Donnez-moi — qui sont sur la cheminée. 7. Quel monsieur? — qui est venu ce soir. 8. Quels élèves? — qui viennent de sortir. 9. — que vous avez vue n'est pas ma cousine. 10. J'écrirai une autre lettre; je n'enverrai pas — que j'ai écrite.

Traduisez:

1. I saw all who came out. 2. There are only two
hotels; this one is very good, that one is not so good.
3. This suit-case is heavier than that one. 4. Here are
some apples; these are riper than those.

III. (Pp. 171–73, §§ 19–21) Complete with **à** or **de** (**d'**)
where necessary:

1. Ne pouvez-vous pas — venir? 2. Je dois — m'en
aller. 3. Le petit se mit — pleurer. 4. Ils refusent —
obéir. 5. Elle veut — se reposer. 6. Ils s'arrêtèrent —
parler. 7. Elle se prépara — partir. 8. Nous avons
fini — jouer. 9. Savez-vous — conduire une auto?
10. Elle aime — se regarder dans la glace. 11. Il a
cessé — pleuvoir. 12. Il est le premier — se plaindre.
13. Mon garçon, il faut — travailler. 14. Cela ne vous
empêche pas — sortir. 15. Aidez-moi — porter cette
malle.

IV. (P. 200, § 76) Répondez:

1. Quel temps a-t-il fait hier? 2. Quel temps fait-il
aujourd'hui? 3. Est-ce qu'il fait plus froid ou plus
chaud qu'hier? 4. Que peut-on faire quand il fait
mauvais temps? 5. En hiver, est-ce qu'il fait doux
ici? 6. Est-ce qu'on ouvre son parapluie quand il fait
beaucoup de vent? 7. A quelle heure commence-t-il
à faire jour à cette époque de l'année? 8. Où vont les
oiseaux quand il fait nuit? 9. A-t-il plu hier? Est-ce
qu'il pleut en ce moment? Pleuvra-t-il ce soir?
10. Comment les enfants s'amusent-ils quand il neige?
11. Qu'y a-t-il sur les lacs quand il gèle? 12. En quelle
saison fait-il du brouillard?

Traduisez:

1. We set out in lovely weather.
2. I went there on a very dark night.


V. Traduisez:

It was ten o'clock in[1] the evening. I was sitting[2] in front of the café. The old man was still trying to[3] sell his newspapers. He looked[4] at each new customer, shouting,[5] "Paris-Soir! Paris-Soir!" He had been[6] there for hours. He had bad eyes[7] and often wiped[8] them with a dirty handkerchief. I pitied[9] him.

He had left a pile of newspapers on a chair at the end of the terrace. Suddenly a young workman who was passing by picked up one of these papers and carried it off without paying. The old man had not noticed anything.

When I rose to[10] go I went up to the old fellow and said to him, "A workman has just[11] stolen one of your papers; I will give you the price of the paper." I imagined[9] that being so poor he would accept the money gladly. But he simply said, "I don't care a hoot!" and walked off shouting,[5] "Paris-Soir! Paris-Soir!"

1. "of the evening". 2. § 10. 3. "to try to (do)", *essayer de (faire)*. 4. = "was looking" or "kept looking"; tense? 5. *en* + pres. participle. 6. Tense? § 11. 7. § 33. 8. Tense for repeated action? 9. This *describes* what the writer was thinking. Tense? 10. "in order to" *(pour)*. 11. § 11.


## 8. EXERCICES: DEUXIÈME SÉRIE

I. Racontez la fable du renard et des raisins.

II. Nommez les différentes parties d'un arbre. Qu'est-ce qu'on peut faire avec du bois? Quels articles sont faits en bois?

III. *Personnages:* Premier voyageur.

Second voyageur.

Le chef de train.

Un employé.

*Scène I^{ère}.* 22 h.15. La gare d'Orsay, à Paris. L'express Paris-Bordeaux va partir. Un voyageur explique au chef de train qu'il doit descendre à Orléans, et qu'il est tellement fatigué qu'il ne pourra s'empêcher de dormir. Il prie le chef de train de le réveiller et de le débarquer à Orléans; il lui donne un pourboire.

*Scène II.* 23 h. 20. Le train s'arrête à Orléans. Le chef de train, avec l'aide d'un employé, réveille et débarque un autre voyageur, qui ne veut pas descendre et qui résiste.

*Scène III.* 1 h. 10. Le train s'arrête à Tours. Le premier voyageur se réveille et s'étonne de se trouver à Tours. Il est furieux. Il court chercher le chef de train. Celui-ci lui explique qu'il s'est trompé, et lui raconte ce qui s'est passé à Orléans.

IV. Qu'est-ce que c'est que la Manche?

Nommez les principaux ports de la Manche.

Quelles sont les différentes traversées qu'on peut faire, si l'on veut aller d'Angleterre en France?

Quelles îles composent ce que l'on appelle les Iles de la Manche? Quelle langue y parle-t-on?

# CHAPITRE IX

## I. LA FRANCE

Regardez bien la France sur la carte du monde : elle a sa place au soleil, et une place superbe. Elle est entourée d'une mer bleue, la Méditerranée, d'un vaste océan, l'Atlantique, qui, par leurs navires, la mettent en relations avec les grandes nations de la terre. De hautes montagnes, les Pyrénées, les Alpes, la protègent sur ses frontières. Des fleuves, comme la Seine, la Loire, la Garonne, le Rhône, la sillonnent en tous sens. Elle a des villes populeuses comme Paris, des cités industrielles comme Lyon, des ports comme Marseille, Bordeaux, des plaines fertiles comme la Beauce, des provinces vignobles comme la Bourgogne, la Champagne, le Bordelais. C'est une terre vraiment féconde que la terre de France.

## II. LA PLANTE PRÉCIEUSE

Deux servantes, Marie et Marguerite, portaient chacune un panier très lourd. Celle-ci murmurait continuellement et se plaignait du poids de son fardeau ; celle-là en riait et en plaisantait, comme si le sien était léger.

«Comment peux-tu rire ? dit Marguerite ; ton panier est aussi lourd que le mien et tu n'es pas plus forte que moi.

—C'est parce que j'ai mis dans le mien, répondit Marie, une plante qui en diminue le poids.

—De grâce, dis-moi, Marie, quelle est cette plante ? Je voudrais en avoir aussi pour faire mon panier plus léger.»

Marie lui dit :

«La plante précieuse qui rend tous les fardeaux légers, c'est la patience ! »

*LA BOURGOGNE.  Les vendanges*

1. De quelles mers la France est-elle entourée?
2. Nommez les grands ports de France. Décrivez la situation de ces ports.
3. De nos jours, un pays est-il bien protégé s'il a des montagnes sur ses frontières? Pourquoi pas?
4. Sujet: les provinces de France.
5. Fermez un instant votre livre et racontez en quelques phrases l'histoire des deux servantes.

Sans le paysan, aurais-tu du pain?
C'est avec le blé qu'on fait la farine;
L'homme et les enfants, tous mourraient de faim,
Si, dans la vallée et sur la colline
On ne labourait et soir et matin.

Aimez les métiers, le mien—et les vôtres!
On voit bien des sots, pas un sot métier:
Et toute la terre est comme un chantier
Où chaque métier sert à tous les autres,
Et tout travailleur sert le monde entier.

1. Sujet: le travail du fermier.
2. A-t-on raison de dire que, sans le pain, les gens mourraient de faim?
3. Qu'est-ce qu'un sot?
4. Énumérez les différentes sortes de travailleurs.

---

### 9. GRAMMAIRE

Learn the Possessive pronoun (§ 50, p. 187).

### 9. EXERCICES: PREMIÈRE SÉRIE

I. Remplacez les mots en italique par un pronom possessif:

1. J'aime mieux ta cravate que *ma cravate*. 2. Tes gants ont coûté plus cher que *mes gants*. 3. Les pantoufles de Marie sont plus jolies que *mes pantoufles*. 4. Mon métier est moins agréable que *ton métier*. 5. Mes filles sont petites, *tes filles* sont déjà grandes. 6. Ma bicyclette est vieille; *la bicyclette de Jean* est neuve. 7. Mon père est moins indulgent que *le père de Jeanne*. 8. Mes souliers sont noirs; *les souliers de*

**3**         57

*Gisèle* sont jaunes. 9. Vos marchands sont plus sym-
pathiques que *nos marchands.* 10. Leur salon est plus
beau que *notre salon.* 11. Ma valise est lourde, *votre
valise* est légère. 12. Voici mes lettres, et voilà *vos
lettres.* 13. Notre pelouse est aussi grande que *leur
pelouse.* 14. Nos meubles sont vieux; *leurs meubles*
sont neufs.

II. Exemple: lire; il lit, il lut, il lira.

Give the same part of the Present, Past Historic
and Future of:

| | | |
|---|---|---|
| sentir | mourir | se souvenir |
| être | accueillir | se battre |
| courir | apparaître | se taire |
| poursuivre | sourire | se plaindre |
| devoir | pleuvoir | s'enfuir |
| apercevoir | s'en aller | se rappeler |

III. (P. 201, § 77)  Répondez:

1. Qu'est-ce qu'on boit quand on a froid? Que
boit-on quand on a chaud? 2. Avez-vous faim quand
vous vous réveillez le matin? 3. Quand est-ce qu'on
a très soif? 4. De quelles bêtes avez-vous peur?
5. Votre père a-t-il toujours raison? 6. Est-ce qu'on
a tort d'écouter aux portes? 7. De quoi a-t-on besoin
pour se laver les mains? 8. Qu'est-ce que vous avez
envie de faire ce soir? 9. Quand la distribution des
prix a-t-elle lieu? 10. Est-ce que vous avez soin de
vos habits?

IV. (P. 163, §5)  Mettez la forme correcte du participe
passé:

1. Où est votre valise? —Je l'ai (mis) à la consigne.
2. C'est la grande horloge que nous avons (vu) à Rouen.
3. Tu n'as pas entendu de rossignols cette année? —Si,

j'en ai (entendu).  4. Dès qu'ils furent (parti), j'allai voir le directeur.  5. Si elle s'était (promené), elle se serait (fatigué).  6. La petite s'est (essuyé) les yeux. 7. Les chefs ont été (arrêté).  8. Son arrivée fut (annoncé) pour le 10 avril.

**V.** Traduisez:

Yvonne is sixteen. She is tall and slim. She is well made and holds herself erect. Her health and appetite are excellent. She has fair hair[1] and grey eyes.[1] When she closes her eyes[1] you see that she has very long lashes.[1]  Our friends say that she is quiet and gentle, but she is not always so at home.  She is intelligent but she likes[2] amusements[3] better than work;[3] of course at her age that is natural.  I sometimes watch her when she is doing her homework. When she scratches her head[1] I know the work is difficult.  She has plenty of courage, and there are many things that she does well; she can[4] swim, ride, dance, play tennis . . . and she can[4] cook.  She seems to[5] have grown up very quickly.  I remember the day when[6] I took her to school for the first time; since that day ten years have gone by, alas too swiftly!

1. §33.  2. Adverb with verb, "likes better".  3. Article?  4. *savoir* or *pouvoir*?  5. "to seem to (do)", *sembler* (*faire*).  6. §71.

## 9. EXERCICES: DEUXIÈME SÉRIE

**I.** (P. 202, § 78) Sujet: les différents pays; les habitants de ces pays, et la langue que parlent les habitants.

**II.** *Personnages:* Jacques Blanchard, 14 ans.
M. Blanchard.
Mme Blanchard.

Il est 7 heures du soir.  Il fait nuit.  Jacques est sorti; on ne sait pas où il est allé.

8 heures. Jacques n'est pas encore rentré. Ses parents s'inquiètent. M. Blanchard téléphone aux amis de la famille: pas de nouvelles de Jacques.

9 heures. Les parents sont extrêmement inquiets. M. Blanchard téléphone à la police, toujours sans résultat. Il met son pardessus et son chapeau et sort chercher son fils.

Il est à peine sorti que Mme Blanchard monte dans la chambre de Jacques . . . et trouve son fils au lit! Il explique qu'il est allé chez un camarade, Jules Chartier, qu'il est rentré un peu tard, et qu'il est allé se coucher tout de suite parce qu'il avait peur d'être grondé.

III. Dites ce que l'on achète chez ces marchands:

| | |
|---|---|
| le boucher | le libraire |
| l'épicier | le papetier (*stationer*) |
| le fruitier | le pharmacien (*chemist*) |
| le boulanger | le mercier (*draper*) |
| le pâtissier | le marchand de chaussures |

Comment appelle-t-on la boutique ou le magasin de chacun de ces marchands?

IV. Décrivez les circonstances où l'on emploie les expressions suivantes:

| | | |
|---|---|---|
| bonjour | à ce soir! | pardon |
| bonsoir | à tout à l'heure! | plaît-il? |
| bonne nuit | bon appétit! | merci bien |
| au revoir | bonne promenade! | je veux bien |
| au plaisir! | bon voyage! | attention! |
| à bientôt! | dites donc! | bravo! |

# CHAPITRE X

## LA COCCINELLE

Charlotte avait des frères; ses frères avaient des camarades; les camarades avaient des sœurs, de sorte que, lorsqu'ils étaient tous réunis dans la grande cour, cela faisait une joyeuse bande.

Un jeudi Charlotte arriva au milieu d'eux en criant:

«Qui veut voir la curiosité?»

Aussitôt le cercle se forma autour d'elle; elle ouvrit la boîte, et l'on aperçut au fond une petite bête immobile: c'était une coccinelle.

Plusieurs de ces enfants n'en avaient pas encore vu, de sorte qu'ils se mirent à faire leurs remarques tous à la fois:

«Oh! cette petite bête rouge!

—Et ces petits points noirs qu'elle a sur le corps!

—Elle est toute ronde comme une petite boule.

—Non, elle n'est pas ronde, elle est plate en dessous, et cela ne fait que la moitié d'une boule.

—Et ces six petites pattes noires qui dépassent!

—Elle en a six!

—C'est un insecte, dit gravement Lucien, le grand cousin, qui depuis longtemps savait lire, et qui apprenait beaucoup de choses dans ses livres.

—Qu'est-ce qu'un insecte? demandèrent les autres.

—C'est, répondit le jeune savant, un petit animal qui sort d'un petit œuf. D'abord cet animal est un petit ver, qui est mou, et qu'on appelle larve. Puis, peu de temps après, ça se change, et ça devient ce que ça doit être selon son espèce: un papillon, une mouche, une sauterelle . . . et

61

bien d'autres. Tenez, voyez-vous ces deux petits brins qui partent de la tête?

—Ah! oui, dit un enfant, ses deux cornes?

—Ce ne sont pas des cornes, reprit Lucien, cela s'appelle les antennes. Et leurs yeux, c'est cela qui est joli quand on les voit dans un microscope. On dirait que chacun est formé de mille petits diamants.»

A ce moment la coccinelle souleva son dos, qui se divisa comme deux petites ailes, puis se referma aussitôt.

«Tiens! ça s'ouvre! s'écrièrent tous les enfants. Qu'y a-t-il en dessous, Lucien?

—Elle a deux ailes fines, repliées et cachées sous deux petits couvercles solides qu'on appelle élytres. Vous venez de voir la coccinelle soulever ses élytres; eh bien, tout à l'heure vous allez voir . . .

—Tais-toi! tais-toi! dit Charlotte, ne faites pas de bruit, nous allons voir! . . .»

La coccinelle avait recommencé son petit mouvement, puis enfin, ouvrant tout à fait ses élytres, elle en sortit deux petites ailes brunes et transparentes et, tout à coup, s'envola!

D'après Mme PAPE-CARPENTIER

1. Décrivez une coccinelle.

2. Quels animaux ont des cornes?

3. Où voit-on des mouches? A quelle époque de l'année y a-t-il beaucoup de mouches? Pourquoi n'aime-t-on pas les mouches?

4. Où voit-on des sauterelles? Y a-t-il plus de sauterelles dans les pays chauds que dans les pays froids?

5. Est-ce que les sauterelles peuvent voler?

6. Comment les sauterelles font-elles ce bruit qu'on entend en été dans les prairies?

7. Sujet: la vie d'un papillon.

«Viens vite, Pierre, viens voir
Un affreux crapaud tout noir!»
Disait Paul à petit Pierre;
«Nous allons le tuer, ça va nous amuser.»
Et Paul prend un bâton, et son frère une pierre:
Ils courent au crapaud pour le martyriser.
Un âne, en ce moment, traînant une charrette,
Allait mettre le pied sur le corps de la bête.

Il s'arrête,
Et s'en va de côté pour ne pas l'écraser.
Paul alors dit à petit Pierre,
Qui laisse tomber ses cailloux:
«Ah! qu'allions-nous faire, mon frère?
Un âne est moins méchant que nous.»

Louis Ratisbonne

1. Le poète a-t-il raison de dire que le crapaud est noir?
2. Pourquoi n'aimons-nous pas les crapauds?
3. Quelle est cette autre bête qui ressemble au crapaud?
4. Pourquoi ne faut-il pas tuer les crapauds?
5. Décrivez un âne. En quoi l'âne diffère-t-il du cheval?
6. L'âne a-t-il une voix agréable?
7. Quel travail font les ânes?
8. Rentré chez lui, Pierre raconte à ses parents ce qui s'est passé.

---

## 10. GRAMMAIRE

Negations. Study §§ 59–64, pp. 191–92.

LA TOURAINE. *Le Château de Chenonceaux*

I. (Pp. 191–92, §§ 59–60) Mettez le verbe au parfait:

1. Je n'accepte rien. 2. Rien ne change. 3. Que vous dit-elle?—Rien. 4. Mon chien ne mord personne. 5. Je ne la montre à personne. 6. Personne ne descend. 7. Qui amènent-ils?—Personne. 8. Je ne la vois jamais. 9. Les invitez-vous?—Jamais. 10. Elle ne reste qu'un instant. 11. Ni les douaniers ni les agents ne peuvent les arrêter. 12. Il n'insiste point. 13. Je n'y vois aucune difficulté. 14. Il ne nous rend aucun service.

II. (P. 192, §§ 61–64) Traduisez:

1. They don't owe me anything now. 2. I will never say it any more. 3. You never send them anything. 4. Passengers are requested not to smoke. 5. We have decided not to borrow anything. 6. The old man went away without saying anything. 7. You walk without ever looking where you are going. 8. Without any doubt he is a lad who will succeed. 9. Have you ever been there? 10. Has he prepared anything? 11. What! no soup? 12. Hasn't she come home?—Not yet. 13. You are in a bad humour.—Not at all. 14. We shan't go out either.—Neither shall I.

III. Exemple: venir; viens ne viens pas
      venez ne venez pas
      venons ne venons pas

Similarly, give the Imperative and Imperative Negative forms of:

| | | |
|---|---|---|
| parler | avoir | s'imaginer |
| aller | savoir | s'asseoir |
| être | se lever | s'en aller |

IV. (Pp. 197–98, §§70–72) Répondez:

1. Que faites-vous le dimanche? 2. Qu'avez-vous fait samedi dernier? 3. Que comptez-vous faire samedi prochain? 4. Où serez-vous vendredi soir? 5. Qu'est-ce que vous faites le matin? l'après-midi? le soir? 6. En quelle classe étiez-vous l'an dernier? Serez-vous toujours au collège l'année prochaine? 7. Faut-il travailler tout le temps? 8. Combien de temps mettez-vous pour vous habiller le matin? 9. Allez-vous en ville tous les jours? 10. Allez-vous au bord de la mer tous les ans? 11. Vos parents vous donnent-ils de l'argent de poche toutes les semaines? 12. Où étiez-vous il y a deux ans? 13. Étiez-vous heureux le jour où vous êtes venu au collège pour la première fois? 14. Combien de repas prenez-vous par jour? 15. Peut-on traverser l'Atlantique en moins de cinq jours? 16. Où serez-vous dans une heure? 17. Avez-vous passé hier une journée agréable? 18. Est-ce que vous avez classe toute la matinée?

V. (P. 167, §§10–11) Traduisez:

1. He sits down by the fireside. 2. She sat down (*perfect*) beside me. 3. The soldiers sat down (*p. hist.*) by the road-side. 4. I used to sit in the shade of an oak-tree. 5. Mother is sitting on the sand. 6. We were sitting on a seat in the sun. 7. How long have you been working here?—I have been working here for about six months. 8. How long had he been waiting? —He had been waiting for a quarter of an hour. 9. Olivette has just broken two cups.—What a pity! 10. We had just got into the train.

## 10. EXERCICES: DEUXIÈME SÉRIE

I. Sujet: les animaux sauvages.

II. Racontez la fable du lièvre et de la tortue.

> Atteindre le but, *to reach the goal.*
> Gagner la course, *to win the race.*

III. Qu'auriez-vous fait si vous aviez eu congé aujourd'hui?

IV. *Personnages:* M. Vacher, fermier.
    Mme Vacher, sa femme.
    Chipier ⎱ deux jeunes vauriens,
    Soulard ⎰ voleurs de poulaillers.
    Un gendarme.

*Scène I^{ère}.* Il fait nuit. Dans un petit chemin, tout près de chez lui, M. Vacher rencontre Chipier et Soulard; celui-ci porte un sac sur l'épaule. M. Vacher s'arrête pour interroger les vauriens. Ils essaient de se sauver, mais le fermier saisit Soulard, qui porte le sac, et l'emmène à la ferme.

*Scène II.* On arrive à la ferme. M. Vacher découvre que le sac contient quatre de ses poulets, que les vauriens viennent de tuer et d'emporter. Il dit à sa femme d'aller chercher un gendarme.

*Scène III.* Le gendarme arrive. M. Vacher lui raconte ce qui s'est passé. Le gendarme interroge Soulard et finit par l'emmener au poste de police.

V. Où vont les grands paquebots? Nommez quelques ports de mer d'où partent de grands paquebots. Qu'y a-t-il dans un paquebot? Comment les passagers passent-ils leur temps pendant la traversée?

# CHAPITRE XI

## UN SAUVETAGE

En ce moment on entendit un cri qui semblait venir de la rivière. Raoul se retourna du côté d'où venait le cri, et mettant la main sur ses yeux qu'éblouissait le soleil couchant:

«Olivain! s'écria-t-il, que vois-je donc là-bas?»

Un second cri retentit plus perçant que le premier.

«Eh monsieur, dit Olivain, la corde du bac a cassé et le bateau dérive. Eh, voilà donc dans l'eau un cheval qui se débat . . . un cavalier aussi . . . ils enfoncent!»

C'était vrai; il n'y avait plus de doute qu'un accident était arrivé et qu'un homme se noyait.

Aussitôt, Raoul poussa vigoureusement son cheval dans la rivière. En même temps il cria au voyageur qui se débattait dans l'eau à trente pas de lui:

«Courage, monsieur, on vient à votre aide!»

Cependant le bac descendait rapidement, emporté par le courant. Un homme aux cheveux gris s'était jeté du bac à la rivière et nageait vers le cavalier qui se noyait. Celui-ci tendait les bras et laissait aller sa tête en arrière. Encore une minute et tout disparaissait.

Raoul s'élança de son cheval, auquel il laissa le soin de sa propre conservation, et en quelques brassées fut près du noyé. Il saisit le cheval par la gourmette et lui souleva la tête hors de l'eau; l'animal respira alors plus librement et redoubla d'efforts. En même temps Raoul saisissait une des mains du jeune homme et la ramenait à la crinière, à laquelle le cavalier se cramponna avec la ténacité de l'homme qui se noie. Raoul s'occupa du cheval qu'il dirigea vers la rive opposée, en lui parlant d'un ton encourageant.

Enfin le cheval prit pied sur le sable et se tira de l'eau.

«Sauvé!» murmura le jeune cavalier en lâchant la crinière et en se laissant glisser aux bras de Raoul.

D'après ALEXANDRE DUMAS

1. Racontez en quelques phrases ce qui se passe.
2. Qu'est-ce qu'un bac?
   (un bateau; transporter; un voyageur; à travers).
3. Est-ce qu'un bac est nécessaire là où il y a un pont?
4. Savez-vous nager? Pourquoi faut-il savoir nager?
5. Où le soleil se lève-t-il? Où se couche-t-il?
6. Un voyageur voit le soleil qui se couche à sa gauche. Dans quelle direction cet homme voyage-t-il? Quelle est la position du soleil à midi?

----

Quand j'ai passé par la prairie,
J'ai vu ce soir, dans le sentier,
Une fleur tremblante et flétrie,
Une pâle fleur d'églantier.
Un bourgeon vert à côté d'elle
Se balançait sur l'arbrisseau;
Je vis poindre une fleur nouvelle;
La plus jeune était la plus belle:
L'homme est ainsi, toujours nouveau.

1. Où le poète a-t-il vu la fleur?
2. Qu'y a-t-il dans une prairie?
3. De quelle couleur est la fleur de l'églantier?
4. Où les églantiers poussent-ils généralement?
5. Aimez-vous les roses? De quelle couleur sont les roses?
6. Lorsqu'un bourgeon s'ouvre, qu'est-ce qui en sort?

*La Seine au Quai Henri IV.   Au fond, le Pont d'Austerlitz*

# 11. GRAMMAIRE

(a) The verb **vivre**, *to live*.

PRESENT PARTICIPLE: vivant.
PAST PARTICIPLE: vécu (PERFECT: j'ai vécu, etc.).

### PRESENT TENSE

| | |
|---|---|
| je vis | nous vivons |
| tu vis | vous vivez |
| il vit | ils vivent |

IMPERFECT: je vivais.
PAST HISTORIC: je vécus.
FUTURE: je vivrai.

(b) Learn the use of the pronoun **lequel** (§48, p. 186).

## 11. EXERCICES: PREMIÈRE SÉRIE

I. (P. 186, §48) Remplacez le tiret par un pronom relatif:
1. Ma mère vint fermer la fenêtre par — je regardais.
2. J'ai trouvé de vieux papiers parmi — il y avait une lettre de Christine. 3. Le pauvre homme sortit un mouchoir avec — il s'essuya le front. 4. Nous voyions devant nous les grands hêtres derrière — se trouvait le château. 5. Il y avait un arbre à l'ombre — deux hommes étaient assis. 6. Ce sont des questions — nous attachons une certaine importance. 7. Vous allez voir une petite place autour de — il y a quelques vieilles maisons. 8. C'est un chien — je donne quelquefois des os. 9. Nous avons des amis avec — nous jouons aux cartes de temps en temps.

Traduisez:
1. I shall put on another suit.—Which one?
2. Which of the sisters is the elder? 3. Pass me some cakes, please.—Which ones? 4. Which of these knives are clean?

71

II. (P. 193, §§65–66) Formez les adverbes de:

| silencieux | tel | méchant |
|---|---|---|
| singulier | vrai | gentil |
| long | gai | précis |
| naturel | lent | énorme |
| vif | récent | profond |

Exemple: Vous courez aussi vite que moi.
Vous courez plus vite que moi.
Vous courez moins vite que moi.

Do similar practice with:
1. Jean cria — fort que les autres.
2. Le maître vivait — simplement que ses domestiques.
3. Vous parlez — bien que lui.

Traduisez:
1. It is Henriette who dances best. 2. We shall do our best. 3. It is Olivier who works the most earnestly. 4. This question is less important. 5. I always choose the least fatiguing work.

III. (Pp. 170–71, §§17–18) Donnez le participe présent des verbes suivants:

| faire | boire | savoir | sourire | vivre |
|---|---|---|---|---|
| gravir | lancer | surprendre | lire | craindre |
| avoir | être | croire | plaire | construire |
| dire | voir | paraître | battre | plonger |

Make an agreement where necessary:
1. Ma tante était au salon, (causant) avec ses visiteuses. 2. Le patron raconte des histoires (étonnant). 3. Nous regardions les vagues (bondissant). 4. (Voulant) savoir ce qui se passait, ils sortirent dans la rue. 5. J'aime ses yeux (riant). 6. Les fugitifs continuèrent

leur chemin, (s'arrêtant) de temps en temps pour se
reposer.

Traduisez:

1. On seeing us, the little scamps ran away. 2. While
crossing a field our neighbour saw nine hares. —
Really! 3. By taking the other road you will get there
more quickly. 4. In telling you this long story, I shall
try not to bore you.

IV. (P. 185, §46) Mettez au négatif:

il y a; y a-t-il? il y en a; il y aura.

Mettez à la forme interrogative:

il y aurait; il y en avait; il ne reste que mille francs;
il vous en reste; il ne m'en reste que trois.

V. Traduisez:

Do you know that Thomas Carlyle wrote his *French
Revolution* twice? I will tell you what[1] happened.
Carlyle had completed his book, and the manuscript
was in his study. One day when[2] he had gone out,
his servant went into the study, saw a pile of papers
on a table, and without thinking, threw them into the
waste-paper basket. When she had finished[3] cleaning
the room she took the basket into the kitchen and
burned everything[4] she had put in it.[5] When Carlyle
came home he was astonished to[6] find that his
manuscript had disappeared. He soon learned the sad
truth that all his papers had been foolishly destroyed.[7]
But he recommenced his work and wrote the entire
book a second time.

1. §54.  2. §71.  3. Tense? §9.  4. "all that which", §54.  5. "in it"= *y*.
6. *de*.  7. In the Passive the Past Participle agrees like an adjective.

## 11. EXERCICES: DEUXIÈME SÉRIE

I. (P. 198, §73) Dites les nombres:

98, 31, 70, 86, 81, 101, 400, 567, 723, 1000, 3000, 2685, 4937, 8875.

Énoncez à haute voix les sommes suivantes:

28 francs;  75 francs;  254 francs;  700 francs; 2000 francs ;  3738 francs.

Additionnez:  167 francs
              450 francs
             1265 francs

II. *Scène:* Un compartiment de chemin de fer.  Un voyageur qui a réservé sa place, trouve cette place occupée par un autre voyageur.  Celui-ci refuse de céder la place.  Le premier voyageur s'en va trouver un employé.  L'employé oblige le second voyageur à céder la place à celui qui l'a réservée.

III. Quels bruits entend-on dans une ville?

Qu'est-ce qu'on entend à la campagne? au bord de la mer? dans une école? dans un cinéma?

Quels endroits sont silencieux?

IV. Sujet: les principales fêtes qu'on célèbre en France.

| | |
|---|---|
| le jour de l'an | la Pentecôte |
| le mardi gras | la Fête Nationale |
| le vendredi saint | l'Assomption |
| Pâques | la Toussaint |
| l'Ascension | Noël |

# CHAPITRE XII

## UN BON CONSEIL

Tout près de la Porte de Versailles, j'étais toujours sûr de trouver un pauvre, qui criait d'une voix lamentable: «La charité, mon bon monsieur!» De son côté, Antoine—c'est ainsi qu'il s'appelait—était presque sûr de voir tomber dans son chapeau une pièce de monnaie.

Un jour que je fouillais dans ma poche pour donner à Antoine la pièce coutumière, il vint à passer un vieux monsieur vif, à l'air affairé, et à qui Antoine adressa sa demande habituelle: «La charité, s'il vous plaît, mon bon monsieur.» Le passant s'arrêta, et après avoir regardé quelques moments le mendiant:

«Vous me paraissez, lui dit-il, intelligent et capable de travailler. Pourquoi faire un si vil métier? Je veux vous tirer de cette triste situation et vous donner cent mille francs.»

Antoine se mit à rire, et moi aussi.

«Riez tant que vous voudrez, reprit le monsieur, mais suivez mes conseils et vous gagnerez ce que je vous promets. Moi, j'ai été presque aussi pauvre que vous. Mais, au lieu de mendier, je suis allé dans les villages et dans les villes de province, demander, non pas l'aumône, mais de vieux chiffons qu'on me donnait pour rien, et que je revendais ensuite un bon prix aux fabricants de papier. Au bout d'un an, je ne demandais plus pour rien les chiffons, je les achetais; et j'avais une charrette et un âne pour faire mon petit commerce. Cinq ans après, je possédais trente mille francs et j'ai épousé la fille d'un fabricant de papier. A l'heure qu'il est, je possède deux maisons à Paris et j'ai cédé ma fabrique de papier à mon fils, à qui j'ai enseigné de bonne heure le goût du travail et le besoin de la persévérance.»

Là-dessus il s'en alla.

Vingt ans après, pendant un séjour à Bruxelles, j'entrai un jour chez un libraire pour y acheter quelques livres. Un gros et grand monsieur se promenait dans le magasin et donnait des ordres à cinq ou six employés. Nous nous regardâmes l'un l'autre, comme des gens qui, sans pouvoir se reconnaître, se rappelaient cependant qu'ils s'étaient vus autrefois quelque part.

«Monsieur, me dit à la fin le libraire, il y a vingt ans, n'alliez-vous pas souvent à Versailles le dimanche?

—Comment, Antoine, c'est vous! m'écriai-je.

—Monsieur, répliqua-t-il, vous le voyez, ce vieux monsieur avait raison.»

D'après A. V. ARNAULT

1. Où est situé Versailles? Qu'y a-t-il d'intéressant à voir à Versailles?

2. Comment s'appelait le mendiant de cette histoire?

3. Qu'est-ce qu'un mendiant? Pourquoi un homme devient-il un mendiant? De nos jours, les mendiants sont-ils nombreux?

4. Qu'est-ce qu'une *fabrique* de papier?

5. Comment le vieux monsieur avait-il fait fortune?

6. Qu'est-ce qu'un libraire? Comment s'appelle le magasin d'un libraire?

7. De quel pays la ville de Bruxelles est-elle la capitale?

8. Qu'est-ce qui prouve qu'Antoine avait profité des conseils du vieux monsieur?

## LE RUISSEAU

«Où va le volume d'eau
Que roule ainsi ce ruisseau?»
Disait un enfant à sa mère.
«Sur cette rive si chère
D'où nous le voyons partir
Le verrons-nous revenir?
—Non, mon fils, loin de sa source,
Ce ruisseau fuit pour toujours,
Et son onde dans sa course
Est l'image de nos jours.»

MME DESBORDES-VALMORE

1. D'où vient l'eau des ruisseaux et des rivières?
2. Qu'est-ce que c'est que la *source* d'une rivière?
3. Combien de rives une rivière a-t-elle?
4. Où vont les rivières et les fleuves? (Se jeter dans, *to empty into*.)
5. Dans le poème on lit ceci: «Et *son onde* dans sa course...» Que veut dire *son onde*?
6. En quoi notre vie ressemble-t-elle à un ruisseau?

———

## 12. GRAMMAIRE

Study the examples showing the uses of the various forms of **devoir** and **falloir** (§§ 24–25, pp. 174–75).

*St.-Palais-sur-Mer* (*Charente-Inférieure*)

## 12. EXERCICES: PREMIÈRE SÉRIE

I. (Pp. 174–75, §§ 24–25).   Use **devoir** in translating these sentences:

1. You must write to them at once. 2. He is to come later. 3. We have had to buy a new carpet. 4. I must have passed you in the street. 5. We had to go to Paris every month. 6. She was to arrive at 2 o'clock. 7. When the war broke out, the inhabitants had to leave their homes. 8. I ought to help them. 9. You ought to have given him a tip.

Use **falloir** in translating these sentences:

1. We must go home. 2. You must go straight on. 3. It was necessary to obtain a card. 4. He will have to look for another job. 5. It would be necessary to start earlier.

II. Make an affirmative reply to each of the following questions or suggestions:

1. Vous n'entendez pas les cloches? 2. C'est drôle, n'est-ce pas? 3. Ce n'est pas juste? 4. Êtes-vous de bonne humeur? 5. Cela vous amuse, n'est-ce pas? 6. Ne comprenez-vous pas? 7. Je ne plais pas à votre sœur.

III. Mettez au négatif:

1. Il y a du sucre. 2. Prenez-vous de la confiture? 3. Nous avons des pommes de terre. 4. Tu portes un gilet? 5. Prêtez-le-lui! 6. Rendez-les-moi! 7. Mettons-les-y! 8. Vas-y! 9. Mangez-en! 10. Sauvez-vous! 11. Assieds-toi! 12. Taisons-nous! 13. Allez-vous-en! 14. Vous avez quelque chose à me dire? 15. Madeleine est aussi jolie que Thérèse. 16. Fumer. 17. Faire quelque chose. 18. Nous avons déjeuné. 19. Vous a-t-il excusés? 20. Je les ai appelés. 21. Vous le leur avez dit. 22. Sont-ils descendus? 23. Nous y sommes allés. 24. Tu te dépêches. 25. Vous reposez-vous? 26. Je me suis fâché. 27. Se sont-ils baignés? 28. Se seraient-ils arrêtés?

IV. (P. 170, §16) Replace the passive by the construction with **on**:

Exemple: Les petites sommes sont acceptées.
On accepte les petites sommes.

1. Les cloches sont sonnées seulement le dimanche matin. 2. Tous les lapins ont été tués. 3. Le renard fut attrapé. 4. La porte était fermée à dix heures. 5. Ces mauvais jours seront oubliés. 6. Tu serais présenté à toute la famille. 7. La malade avait été rapportée chez elle. 8. Le concierge aurait été récompensé.

Replace the passive by the reflexive construction.

Exemple: Cette expression n'est pas employée.

Cette expression ne s'emploie pas.

1. Les cigarettes sont vendues dans les cafés.
2. Comment ce mot est-il écrit? 3. Tout ce travail
était payé. 4. Votre absence n'a pas été remarquée.
5. Cette musique est rarement entendue. 6. Cela sera
accompli sans aucune difficulté.

V. Traduisez:

"What is there[1] in that parcel you brought[2] home
this evening?" asked my mother.

"You shall see presently," replied Father, smiling;[3]
"I am going to give[4] you a surprise."

We were wondering what[5] Father had brought home
this time. After[6] a few moments he went on, "This
afternoon I was walking along[7] a street near our
offices, and I stopped in front of a little shop where
they[8] sell all sorts of old things, watches,[9] clocks,
vases, jewellery, everything. In the window there was
a blue vase, a magnificent vase. I went into the shop,
asked the price of it, and bought it. It wasn't dear."

Then he opened the parcel and proudly[10] showed
us his marvellous vase.

"Let me see it," said my mother, "give it to me!"[11]

She examined it closely. "What!" she exclaimed,[12]
"how much did you pay for[13] this wretched vase? It
is the one[14] I gave to the dustman last week!"

1. §46 (a). 2. Tense in conversation? 3. *en*+present participle. 4. "to
give a surprise", *faire une surprise*. 5. §54. 6. *au bout de*. 7. *dans*. 8. *on*.
9. "some watches", etc. 10. Adverb after verb. 11. Position and order
of pronouns? §45. 12. Inversion: "exclaimed she". 13. "to pay for
something", *payer quelque chose*. 14. "the one which"; §55.

## 12. EXERCICES: DEUXIÈME SÉRIE

I. Racontez ce que vous avez fait ce matin avant de venir en classe.

II. Lorsqu'un homme voyage dans un aéroplane, qu'y a-t-il au-dessous de lui? Et qu'y a-t-il au-dessus de lui?

Que voit-on au ciel pendant le jour? Qu'est-ce qu'on y voit pendant la nuit?

III. Décrivez votre mère ou votre père. Parlez un peu de ses occupations et de ses habitudes.

IV. "Un héros sans le savoir."

*Personnages:* Pierre Bidaud, grand garçon de 13 à 14 ans.

Plusieurs petits enfants.

Plusieurs grandes personnes, hommes ou femmes.

Pierre, qui fait l'école buissonnière, se promène au bord d'une rivière. Plusieurs petits enfants jouent au bord de cette rivière. L'un d'eux tombe à l'eau. Pierre plonge dans la rivière et retire l'enfant de l'eau. En entendant les cris, plusieurs personnes accourent; grande émotion. Pierre s'en va. On a beau le rappeler, il se sauve. On court après lui, on l'appelle héros, brave garçon, on veut savoir son nom; Pierre refuse de le dire, parce qu'il a peur d'être battu par son père pour avoir fait l'école buissonnière!

V. Donnez le nom de quelques fruits, et aussi le nom des arbres ou des plantes qui donnent ces fruits.

VI. Sujet: la Méditerranée.

## CHAPITRE XIII

### LA MORT DU DAUPHIN

Dans son lit royal, le petit Dauphin, plus blanc que les draps sur lesquels il est étendu, repose, les yeux fermés. On croit qu'il dort; mais non. Le petit Dauphin ne dort pas. Il se retourne vers sa mère et, voyant qu'elle pleure, il lui dit:

«Madame la reine, pourquoi pleurez-vous? Est-ce que vous croyez que je vais mourir?»

La reine veut répondre. Les sanglots l'empêchent de parler.

«Ne pleurez donc pas, madame la reine; vous oubliez que je suis le Dauphin, et que les Dauphins ne peuvent pas mourir ainsi . . .»

La reine sanglote encore plus fort, et le petit Dauphin commence à s'effrayer.

«Oh! dit-il, je ne veux pas que la mort vienne me prendre. Faites venir quarante soldats très forts pour monter la garde autour de mon lit! Rangez sous nos fenêtres cent gros canons! Et malheur à la mort, si elle ose s'approcher de moi.»

Pour plaire à l'enfant royal, la reine fait un signe. Bientôt on entend les gros canons qui roulent dans la cour; et quarante grands soldats viennent se ranger autour de la chambre. Le petit Dauphin en reconnaît un et l'appelle. Le soldat fait un pas vers le lit:

«Montre-moi un peu ton grand sabre, dit l'enfant. Si la mort veut me prendre, il faudra la tuer, n'est-ce pas?

—Oui, monseigneur . . .»

Et il a deux grosses larmes qui coulent sur ses joues tannées.

A ce moment le prêtre s'approche du petit Dauphin et lui parle longtemps à voix basse en lui montrant un crucifix. Le petit Dauphin l'écoute d'un air fort étonné, puis tout à coup l'interrompant:

«Tout ce que vous me dites là est bien triste; mais une chose me console, c'est que, là-haut, dans le paradis des étoiles, je vais être encore le Dauphin. . . . Je sais que le bon Dieu est mon cousin et il me traitera selon mon rang.»

Puis il ajouta, en se tournant vers sa mère:

«Je vous prie de m'apporter mes plus beaux habits. Je veux me faire beau pour les anges et entrer au paradis en costume de Dauphin.»

De nouveau le prêtre se penche vers le petit Dauphin et lui parle longuement à voix basse. . . . Au milieu de son discours, l'enfant royal l'interrompt avec colère:

«Mais alors, crie-t-il, d'être Dauphin, ce n'est rien du tout!»

Et, sans vouloir plus rien entendre, il se tourne vers le mur, et il pleure amèrement.

D'après ALPHONSE DAUDET

1. A qui le titre de Dauphin était-il donné?
2. Quel Dauphin est célèbre dans l'histoire de France?
3. Quelle princesse écossaise épousa un Dauphin de France?
4. Qui fut le dernier roi de France?
5. Pourquoi le Dauphin de cette histoire était-il dans son lit?
6. Pourquoi la reine pleurait-elle?
7. Comment le Dauphin pouvait-il dire que le bon Dieu était son cousin?
8. Qu'est-ce qu'un crucifix? (L'image; Jésus-Christ; la croix.)
9. Qu'est-ce que le prêtre a dû dire au Dauphin mourant?
10. Quelle est la morale de cette histoire? (Le rang; égal; la mort.)

Les prés ont une odeur d'herbe verte et mouillée,
Un frais soleil pénètre en l'épaisseur des bois;
Toute chose étincelle, et la jeune feuillée
Et les nids palpitants s'éveillent à la fois.

Les cours d'eau diligents aux pentes des collines
Ruissellent, clairs et gais, sur la mousse et le thym;
Ils chantent, au milieu des blanches aubépines,
Avec le vent rieur et l'oiseau du matin.

LECONTE DE LISLE

1. A quel moment de la journée le poète voit-il ce paysage ? Décrivez le paysage qu'il voit.
2. Quels bruits le poète entend-il dans ces lieux charmants ?
3. Quelles plantes poussent au bord des ruisseaux ?
4. Pourquoi les ruisseaux sont-ils *diligents* ?
5. Le poète parle des nids *palpitants* ? Pourquoi sont-ils *palpitants* ?

---

### 13. GRAMMAIRE

(a) Study the examples showing the use of the various forms of **vouloir** and **pouvoir** (pp. 175–76, §§ 26–27).
(b) Learn the use of the pronouns **chacun**, **quelqu'un** (p. 190, §§ 57–58).

### 13. EXERCICES: PREMIÈRE SÉRIE

I. (Pp. 175–76, §§ 26–27) Traduisez:

1. Will you show me your papers, please? 2. This child will not walk on the pavement. 3. They offered me money but I would not accept it. 4. We should not like to live in that district. 5. I wish I knew their

address. 6. We should like to have visited the cathedral. 7. We should have liked to visit the cathedral. 8. I don't bear you any ill will, my friend. 9. May I speak to you for a moment? 10. Since the garage door was locked, we could not get in. 11. We could go for a stroll later on.—I don't mind. 12. My uncle said he might catch the 4 o'clock train. 13. They could have cut the rope. 14. At least she might have written to us.

II. Exemple: prendre; ils ont pris.
                    ils avaient pris.
                    ils auraient pris.

Give the same parts of:

| | | | |
|---|---|---|---|
| perdre | devenir | s'ennuyer | monter |
| couvrir | réussir | descendre | éteindre |
| entrer | se rendre | s'asseoir | se souvenir |
| s'excuser | produire | vivre | partir |
| tomber | arriver | aller | s'en aller |
| se battre | croire | se taire | permettre |

III. (P. 190, §§ 57–58) Traduisez:
1. Each boy; each girl; each word; each letter. 2. Each of our customers receives a little present. 3. Each of these bottles contains a litre of wine. 4. Don't worry, each one will have his turn. 5. Some time; a few hours. 6. Something remarkable; nothing new. 7. I am going to telephone to someone. 8. Some of these stories are very funny. 9. Are there any foreigners in this town?—There are a few (of them).

IV. (Pp. 171–73, §§ 19–21) Complete the sentence with a preposition (à or de) where necessary:
1. Je préfère — rester debout. 2. Cet homme cherche toujours — me rendre service. 3. Avez-vous promis

— leur rendre visite? 4. Je serai obligé — ôter mon veston. 5. Le cycliste parut — hésiter. 6. Nous tâcherons — trouver une échelle. 7. Je ne vous encourage pas — recommencer. 8. Va — voir qui sonne. 9. Le patron aura beaucoup — faire aujourd'hui. 10. Je suis retourné — chercher ma canne. 11. Avez-vous la permission — sortir? 12. Nous espérons — vous accompagner. 13. Je fus le premier — le remarquer. 14. Ce jeune homme mérite — réussir. 15. Il vaut mieux — payer tout de suite. 16. Ma femme ne tardera pas — rentrer. 17. Le roi tenta — s'enfuir avec sa famille. 18. Les soldats réussirent — s'échapper.

## V. Traduisez:

I had arrived at Larzac at about four[1] in the afternoon. As my friends had no room for me in their house they had found me a bedroom in a house (at) some distance from theirs,[2] in another street.

After spending[3] a very pleasant evening with my friends I made my way at nightfall towards the house where I was to[4] sleep. I found the street without difficulty, but when it was a question of finding the house, I was very perplexed, for all the houses were alike and I did not know the number of mine.[2] After some[5] hesitation I thought I recognized[6] the house to which[7] I had come in the afternoon. I waited a moment, then I quietly opened the door and went in. Suddenly I heard a girl's voice, "Is that you,[8] Dad?" I dashed out of the house and fled. I suppose I was afraid of being taken for a burglar. I was stupid, wasn't I?

1. "at about 4 o'clock", *vers* 4 *heures*.  2. § 50.  3. "After having spent"; § 23.  4. *devoir*, § 24.  5. *quelque*.  6. "I thought to recognize".  7. "the house where".  8. Second person singular.

## 13. EXERCICES: DEUXIÈME SÉRIE

I. Vous partez en vacances pour un mois. Vous faites votre malle. Qu'est ce que vous y mettez?

II. *Scène I<sup>ère</sup>*. Vous vous promenez avec un ami (une amie). Vous voyez, dans une prairie, un chien qui poursuit des moutons. Vous courez prévenir le fermier (M. Bouvier). Celui-ci accourt, reconnaît le chien et va chez le maître, qui s'appelle Puard. Vous l'y accompagnez. Puard, homme stupide et paresseux, dit que ce sont les moutons qui ont dû attaquer son chien.

*Scène II*. Devant le tribunal. Puard est obligé de payer cinq cents francs.

III. Quels pays et quelles villes voudriez-vous visiter? Pourquoi?

IV. Décrivez la vie que mènent ces gens:

| | |
|---|---|
| un facteur | un pêcheur |
| un agent de police | un berger |
| une ménagère | un professeur |
| un médecin | un écolier |

V. Sujet: Un film que tout le monde (ou presque tout le monde) a vu.

*L'ALSACE. La ville d'Obernai*

## CHAPITRE XIV

### LA FIN D'UNE AVENTURE (1)

[Dans le village où ils passent leurs vacances, Jean, Charlot
et Paulette connaissent un vieux marchand qui a une auto et
qui les emmène souvent dans les villes et les villages de la région.
Un jour, pour jouer une farce à leur vieil ami, ils se cachent
dans sa voiture, sous des sacs vides. Quelqu'un monte dans
l'auto, qui part dans la direction de la montagne. Les enfants
découvrent que celui qui conduit est un étranger. C'est en effet
un escroc qui, ayant volé de l'argent, a pris la voiture pour
s'enfuir. Enfin l'auto s'arrête, le voleur descend et s'en va. Jean,
qui sait à peine conduire, réussit à faire partir la voiture. Les
enfants font dans la nuit un voyage périlleux. Au matin ils
arrivent dans un village.]

Le village semble endormi. Il est si bonne heure encore!
Le soleil paraît à peine.

«Tant pis, dit Jean, on va réveiller les habitants.»

Il marche très lentement. Par la route, devenue la rue
du village, il cherche une indication: gendarmerie, poste,
mairie. Rien. Toutes les maisons semblent pareilles, basses,
pauvres. Enfin, en voici une plus haute, blanchie de frais,
avec une vaste cour devant la porte.

«Entrons!» se dit Jean.

Hélas! il tourne trop court et l'auto vient, oh! tout
doucement, mais bien en plein, piquer du nez dans le tas
de fumier inévitable de toute ferme qui se respecte.

Et le tas de celle-là était naturellement le plus beau,
le plus parfumé, le plus moelleux: celui du plus riche
habitant du village, maire de sa commune par-dessus le
marché.

Et les chiens de M. le maire étaient aussi, comme il

convient, les mieux nourris et les plus «aboyants» du village. Et ils aboyèrent.

Et les oies se réveillèrent et chantèrent plus fort que jamais. Le cochon, même, fit entendre sa voix harmonieuse et, du fond de leur étable, les petits veaux meuglèrent à leur tour.

Naturellement, M. le maire, éveillé par ce vacarme, parut en chemise à sa fenêtre.

«Que se passe-t-il donc?» demanda-t-il d'une voix forte.

Des gémissements lui répondirent. Il entrevit une masse noire dans sa cour. Il crut rêver encore en voyant une auto arrêtée net contre son fumier.

«Qu'est-ce que cela signifie? s'écria-t-il ahuri. Lève-toi, Thomas, vite, vite!»

Derrière lui, une tête de femme apparaissait à son tour, échevelée: Mme la mairesse.

Et, d'une lucarne au-dessus de l'écurie, Thomas, roux et barbu, le valet de ferme, demandait d'une voix enrouée:

«Que se passe-t-il donc, bon sang?

—Au secours! au secours! répétaient des voix angoissées.

—Ne descends pas, dit à son mari Mme la mairesse, c'est peut-être bien des voleurs qui veulent t'attirer dehors.»

M. le maire, heureusement, était un brave. Il ne prit qu'un revolver, un bâton et un couteau! Et il descendit sans hésiter.

*(A suivre)*

1. Racontez ce qui était arrivé aux trois enfants la veille et pendant la nuit.
2. Expliquez les termes *mairie, gendarmerie.*
3. A qui était la grande ferme devant laquelle les enfants arrivèrent?
4. Qu'est-ce qui arriva quand Jean essaya d'entrer dans la cour?

5. Où étaient le maire et la mairesse?
6. Qui était Thomas? Comment était-il?
7. Pourquoi les enfants criaient-ils «au secours»?
8. Pourquoi le maire prit-il un revolver, un bâton et un couteau avant de descendre dans la cour?
9. Quels animaux y a-t-il généralement dans une basse-cour?

------

## L'AMI DES ENFANTS

Ils savent que je suis un homme qui les aime;
Un être auprès duquel on peut jouer et même
Crier, faire du bruit, parler à haute voix;
Que je riais comme eux et plus qu'eux autrefois;
Et qu'aujourd'hui, sitôt qu'à leurs ébats j'assiste,
Je leur souris encor, bien que je sois plus triste;
Ils disent, doux amis, que je ne sais jamais
Me fâcher; qu'on s'amuse avec moi; que je fais
Des choses en carton, des dessins à la plume;
Que je raconte à l'heure où la lampe s'allume,
Oh! des contes charmants qui vous font peur la nuit,
Et qu'enfin je suis doux, pas fier et fort instruit.

VICTOR HUGO

1. Le poète est-il ennuyé par la présence des enfants?
2. Quand les enfants font du bruit, est-ce qu'il leur dit de se taire?
3. Mettez un autre mot pour «ébats».
4. Pourquoi le poète est-il maintenant plus triste?
5. Que fait-il pour amuser ses petits amis?
6. Pourquoi les enfants l'aiment-ils?

## 14. GRAMMAIRE

### THE SUBJUNCTIVE

The subjunctive mood does exist in English, but it is so little used that we make no special study of it. Here are some examples of the English subjunctive: If I *were* you; if this *be* true; though he *fail*; God *bless* you.

In French, however, the subjunctive is a feature of ordinary speech: everybody uses it, even small children. It is therefore necessary for us to learn both the subjunctive form of verbs and the circumstances in which the subjunctive is used. In this book we shall confine ourselves to the Present Subjunctive, the form most commonly used in French.

### THE FORM OF THE PRESENT SUBJUNCTIVE

General rule:—Take the Third Person plural of the Present Indicative, strike off the "nt", and the form left is the First Person singular of the Present Subjunctive:

| | | |
|---|---|---|
| finir | ils finissent | je finisse |
| vendre | ils vendent | je vende |
| écrire | ils écrivent | j'écrive |

Endings:

| | | |
|---|---|---|
| -e | je porte | je finisse |
| -es | tu portes | tu finisses |
| -e | il porte | il finisse |
| -ions | nous portions | nous finissions |
| -iez | vous portiez | vous finissiez |
| -ent | ils portent | ils finissent |

A few irregular verbs have an irregular Present Subjunctive, *e.g.* avoir, j'aie; être, je sois; faire, je fasse; pouvoir, je puisse. These must be learned from the Verb Tables (pp. 204–11).

(*a*) The subjunctive is used after:

**il faut que** . . . *it is necessary that* . . .

**il est possible (impossible) que** . . . *it is possible (impossible) that* . . .

**je ne crois (pense) pas que** . . . *I do not think that* . . .

**croyez-vous (pensez-vous) que** . . . *do you think that* . . .

Examples:

Il faut que je sorte.
{ *It is necessary that I go out.*
{ *I must go out.*

Il est possible qu'il revienne.
*It is possible that he may come back.*

Je ne crois pas que ce soit vrai.
*I do not think it is true.*

(*b*) The subjunctive is used in sentences dependent on expressions of feeling, such as:

| | |
|---|---|
| **vouloir que** . . . | *to wish that* . . . |
| **regretter que** . . . | *to regret that* . . . |
| **être content que** . . . | *to be glad that* . . . |
| **c'est dommage que** . . . | *it is a pity that* . . . |

Examples:

Il veut que j'attende.
{ *He wishes that I wait.*
{ *He wants me to wait.*

Je regrette qu'il ne puisse pas venir.
*I am sorry that he cannot come.*

Nous sommes contents que vous alliez mieux.
*We are glad that you are better.*

C'est dommage qu'il soit si paresseux.
*It is a pity that he is so lazy.*

**Avoir peur que** (*to be afraid that*) also requires **ne** before the subjunctive verb:

J'ai peur que vous ne tombiez.
*I am afraid that you may fall.*

### 14. EXERCICES: PREMIÈRE SÉRIE

I. (See Verb Tables, pp. 204–11.)

(*a*) Regular Subjunctives.
Conjuguez:

Il faut que je reste.
Il faut que j'attende.
Il faut que je choisisse.

Exemple: écrire; j'écrive.
nous écrivions.
ils écrivent.

Give the same parts of the Present Subjunctive of:

| | | | |
|---|---|---|---|
| sortir | s'asseoir | cueillir | plaire |
| ouvrir | battre | dire | rire |
| conduire | connaître | lire | suivre |
| craindre | courir | mettre | se taire |
| | | | vivre |

(*b*) Irregular Subjunctives.
Conjuguez:

Il faut que je sois.
Il faut que j'aie.
Il faut que je fasse.
Il faut que je prenne.

Exemple: écrire; j'écrive.
nous écrivions.
ils écrivent.

Give the same parts of the Present Subjunctive of:

| | | |
|---|---|---|
| pouvoir | mourir | voir |
| savoir | tenir | croire |
| aller | devoir | envoyer |
| vouloir | boire | recevoir |

II. Mettez la forme convenable du verbe:

1. Il faut que nous (partir) tout de suite. 2. Il est nécessaire que chacun (savoir) ce qu'il doit faire. 3. Il est possible qu'ils (être) mécontents de moi. 4. Il est impossible que cet homme (faire) lui-même tout ce travail. 5. Je ne crois pas que tu (comprendre) ce que je veux dire. 6. Croyez-vous que mon neveu (être) vraiment malade? 7. Je veux que tu (aller) à la boucherie. 8. Nous regrettons que votre ami ne (pouvoir) pas venir. 9. Cette demoiselle est contente qu'on lui (faire) des compliments. 10. C'est dommage que tu (être) enrhumé. 11. Il a peur que je ne le (dire) à son père.

III. (P. 186, §48) Complétez:

1. Tout près il y avait des arbres sous — quelques vaches étaient couchées. 2. Le paysan sortit un couteau avec — il coupa son pain. 3. Je regardais l'île vers — nous nous dirigions. 4. Il y avait partout des haies épaisses derrière — nos ennemis pouvaient se cacher. 5. Je m'asseyais quelquefois dans un petit jardin au milieu — il y avait un bassin. 6. Nous avons vu de hautes montagnes au sommet — il y avait de la neige. 7. Ils m'ont posé des questions — je ne voulais pas répondre. 8. Heureusement que je découvris une fenêtre, grâce à — je pus sortir. 9. Quel est cet ami à — tu écris?

IV. (P. 187, § 50). Remplacez les mots en italique par un pronom possessif:

1. Tes doigts sont aussi longs que *mes doigts*. 2. Ma jupe est plus courte que *ta jupe*. 3. Ma voix est moins forte que *la voix de Michel*. 4. Mes bas ont coûté plus cher que *les bas de Marguerite*. 5. Notre appartement est moins beau que *leur appartement*. 6. Leur chalet se trouve tout près de *notre chalet*. 7. Nos restaurants sont moins bons que *vos restaurants*.

V. Traduisez:

FATHER. Philippe, close[1] the door! Oh, my poor neck! If you leave the door open there is an awful draught! Do you want[2] your poor father to be ill?

PHILIPPE. Father, may I[3] go and play[4] with Robert? It isn't raining any more.

FATHER. No, I don't want[2] you to go out; I forbid you to[5] go out; it has rained all the morning[6] and the grass is wet. I don't want[2] you to catch cold, my boy. Besides, you must do your piano practice before[7] going out. I am afraid you are[2] a little lazy-bones. If Robert comes to the house we will allow[8] you to play together in the yard. By the way, I brought you home some sweets. Go and ask[4] your mother for them.[9] But don't eat them all,[10] you must give some to your sister . . . and when you go out[11] of this room, don't forget to[12] close the door, you understand? . . . Now I'll have a little nap.

1. Second person singular. 2. Subjunctive construction, pp. 93–94. 3. § 27. 4. § 19, Note. 5. § 22. 6. § 72. 7. § 23. 8. *permettre*, § 22. 9. Construction with *demander*? § 28. 10. *tous* after verb. 11. Tense? § 14. 12. "to forget to (do)", *oublier de (faire)*.

## 14. EXERCICES: DEUXIÈME SÉRIE

I. Parlez des mesures du temps, et des machines qui
   marquent les heures.

   | | | |
   |---|---|---|
   | la seconde | le jour | une horloge |
   | la minute | la semaine | la pendule |
   | le quart d'heure | le mois | la montre |
   | la demi-heure | l'année | le cadran (*dial*) |
   | l'heure | | une a'guille |

II. Décrivez une grande ville telle qu'on la voit à midi,
    et à minuit.

III. Scène à jouer.

   Vous êtes au cinéma. Non loin de vous, vous croyez
   voir un camarade. Vous lui faites signe de venir se
   mettre à côté de vous, où il y a une place libre. Le
   jeune homme s'approche; vous vous êtes trompé: ce
   n'est pas votre ami, c'est un inconnu. Vous faites des
   excuses; vous causez poliment avec lui.

IV. Que peut-on faire par un beau soir d'été?

V. Décrivez quelques actions polies, et quelques actions
   impolies.

## CHAPITRE XV

### LA FIN D'UNE AVENTURE (II)

Thomas apporta la lanterne, et les deux hommes, ahuris, aperçurent une auto à demi entrée dans le fumier. Les gémissements partaient de dessous la capote.

«Un accident, sans doute, il doit y avoir des blessés», se dirent les pauvres gens encore mal réveillés.

Toute la ferme accourait à leur appel, la femme, la grand'mère, la servante, les enfants.

Tout le monde, se mettant à l'œuvre avec ardeur, parvint à faire reculer l'auto qui n'avait aucun mal. Alors, on vit descendre Jean, vacillant, exténué; Paulette guère plus brillante, et Charlot tremblant sur ses jambes.

«Trois enfants!

—D'où venez-vous? demanda sévèrement le maire.

—Nous nous sommes échappés—on a manqué nous tuer. Nous nous étions sauvés sans qu'on le sût—mais nous ne savions pas que ce n'était pas Tim qui conduisait. Et alors, le voleur . . . et puis l'autre. Oh! cette nuit dans la tour! Nous avons froid, nous avons faim et . . .»

Et M. le maire comprenait de moins en moins.

«Expliquez-vous mieux», dit-il sèchement.

Jean tenta un discours.

«Nous voulions rentrer chez nous, mais nous n'avions pas d'argent et nous craignions que les voleurs . . .

—Quels voleurs? demanda M. le maire soupçonneux. C'est peut-être bien vous, les voleurs!

—Oh! dit Paulette indignée. Télégraphiez donc à papa et vous verrez.

—Je ne le connais pas, votre papa.

—On va vous donner les adresses, dit Jean se raccrochant à cette idée. Ils arriveront tout de suite, nos parents, vous verrez.

—Comment n'êtes-vous pas avec eux?

—Parce qu'on a volé la voiture de Tim et que nous étions dedans.

—Qu'est-ce que c'est que ce charabia? commençait le digne homme interloqué.

—C'est des va-nu-pieds qu'il vaut mieux remettre dehors, m'sieu le maire», conseillait Thomas.

Heureusement qu'en réponse à ce conseil inhumain, Charlot jugea bon de s'évanouir de tout son long dans la cour.

A ce spectacle les cœurs s'attendrirent. Les femmes s'élancèrent au secours du pauvre petit, et M. le maire dit aux autres:

«Qui que vous soyez, entrez et venez vous restaurer. Nous verrons ensuite.»

ANDRÉ BRUYÈRE, *La Tribu des Lapins sauvages*
(Éditions Gautier-Languereau)

1. Quelles personnes habitaient à la ferme?
2. Pourquoi les enfants ne pouvaient-ils pas sortir de l'auto?
3. Pourquoi étaient-ils pâles et fatigués?
4. Maintenant que vous avez lu cette partie de l'histoire, tâchez de raconter par le détail ce qui était arrivé.
5. Qu'est-ce qui décida le maire et sa famille à être indulgents pour les trois enfants?

LA NORMANDIE. *Pâturages*

# LE LABOUREUR ET SES ENFANTS

Un riche laboureur, sentant sa mort prochaine,
Fit venir ses enfants, leur parla sans témoins.
«Gardez-vous, leur dit-il, de vendre l'héritage
Que nous ont laissé nos parents:
Un trésor est caché dedans.
Je ne sais pas l'endroit; mais un peu de courage
Vous le fera trouver: vous en viendrez à bout.
Remuez votre champ dès qu'on aura fait l'août;
Creusez, fouillez, bêchez; ne laissez nulle place
Où la main ne passe et repasse.»
Le père mort, les fils vous retournent le champ,
Deçà, delà, partout; si bien qu'au bout de l'an
Il en rapporta davantage.
D'argent, point de caché. Mais le père fut sage
De leur montrer, avant sa mort,
Que le travail est un trésor.

LAFONTAINE

1. Racontez en quelques phrases l'histoire du laboureur et
   de ses enfants.
2. Quelle est la morale de cette fable?

---

## 15. GRAMMAIRE

### THE SUBJUNCTIVE (*contd.*)

The subjunctive is used after the conjunctions:

| | | |
|---|---|---|
| **bien que** ⎱ *although* | **avant que,** *before* | |
| **quoique** ⎰ | **sans que,** *without* | |
| **pour que** ⎱ *in order that,* | **jusqu'à ce que,** *until* | |
| **afin que** ⎰ *so that* | | |

Examples:

Bien que (Quoique) ces gens soient riches . . .
*Although these people are wealthy . . .*

Allons-nous-en avant qu'il nous voie.
*Let us go away before he sees us.*

Je resterai ici jusqu'à ce qu'il revienne.
*I shall stay here until he comes back.*

N.B.—"To wait until" is simply "attendre que":
J'attendrai qu'il sorte.
*I shall wait until he comes out.*

**A moins que** (*unless*) also requires **ne** before the subjunctive verb:

A moins qu'il ne fasse mauvais temps . . .
*Unless the weather is bad . . .*

### 15. EXERCICES: PREMIÈRE SÉRIE

I. Exemple: servir; je serve.
　　　　　　　　nous servions.
　　　　　　　　ils servent.

Give the same parts of the Present Subjunctive of:

| | | | |
|---|---|---|---|
| se coucher | suivre | écrire | boire |
| apercevoir | avoir | être | plaindre |
| perdre | s'asseoir | se taire | employer |
| dormir | couvrir | savoir | permettre |
| aller | voir | vivre | faire |
| se battre | franchir | courir | lire |
| dire | apprendre | revenir | pouvoir |

II. Mettez le verbe à la forme convenable:

1. Bien que vous (parler) bien le français, on s'aperçoit que vous êtes Anglais. 2. Quoique cet homme me

102

(connaître), il ne me salue jamais. 3. Il faut leur envoyer une dépêche, pour qu'ils (savoir) l'heure de notre arrivée. 4. Apportez votre cahier, afin que je (voir) ce que vous avez écrit. 5. Avant que vous (sortir), je voudrais savoir où vous allez. 6. Tu sors sans que nous (savoir) où tu vas. 7. Nous resterons ici jusqu'à ce que tu (revenir). 8. Attendons que ces gens (s'en aller). 9. Nous ferons un petit tour, à moins que vous ne (préférer) vous reposer.

III. (P. 183, §42) Remplacez les mots en italique par des pronoms:

1. Êtes-vous allé *en Provence*? 2. La fermière mit les œufs *dans mon panier*. 3. La paysanne jeta du bois *sur le feu*. 4. Je vous aiderai *à porter cette malle*. 5. Mon oncle versa *du vin* dans les verres. 6. Est-ce que vous avez pris *des poissons*? 7. Cette petite n'a pas *de poupée*. 8. Il n'y a plus *de feuilles*. 9. Le maire sortit *de la mairie*. 10. Nous arrivons *de Cahors*. 11. Est-ce que vous avez des nouvelles *de votre portefeuille*? 12. Nous avons déjà vu plusieurs *hirondelles*. 13. Regardez, j'ai trois *gommes*! 14. Je n'ai plus besoin *de ces clefs*. 15. Les bœufs avaient peur *du chien*. 16. Je les empêcherai *de le faire*.

IV. (Pp. 189–90, §§ 55–56) Remplacez les mots en italique par un pronom démonstratif:

1. C'est *l'élève* qui vient de sortir. 2. Je n'aime pas *la robe* qu'elle porte aujourd'hui. 3. J'ai pris *les allumettes* qui étaient sur la cheminée. 4. Connais-tu *ces messieurs* que j'ai salués tout à l'heure? 5. *Les Français* que je connais sont de braves gens. 6. Mon complet est plus clair que *le complet* de Georges.

7. Mascasson avait pris *la pipe* d'un autre ouvrier.
8. Mes roses sont moins belles que *les roses* de mon voisin. 9. Nos fusils sont aussi bons que *les fusils* des Américains. 10. *Cet hôtel-ci* est meilleur. 11. C'est dans *cette salle-là*. 12. *Ces gants-ci* ne sont pas les miens. 13. *Ces cartes-là* sont à deux francs.

V. Traduisez:

"I will tell you a good story, too," said the American. "One day a friend of mine[1] was hunting in the mountains, when suddenly, above a rock, he saw the head of a bear; and what a[2] bear! It was a huge beast. My friend raised his rifle and fired. The bear disappeared, but several seconds later the head came up again. The hunter fired a second shot, and the bear disappeared, but after[3] a few seconds the beast raised its head[4] again.[5] My friend fired eleven shots, each time with the same result. He was now very scared, for he had only one shot left.[6] The bear rose up for the twelfth time and the hunter fired his last shot. This time the bear did not reappear. And, would you believe it? behind that rock my friend found twelve dead bears, each with a bullet through[7] its eye!"

1. "one of my friends". 2. "a" not translated, *e.g. quelle histoire!* 3. *au bout de.* 4. §33. 5. Adverb immediately after verb. 6. "there remained to him only one shot"; §46 (*b*). 7. "in the eye".

### 15. EXERCICES: DEUXIÈME SÉRIE

I. Dites comment on fait les boissons suivantes:

le vin, le cidre, le thé, le café.

Avec quoi fait-on:

un gâteau, un sandwich, une omelette, des confitures, des bonbons.

Quels sont les légumes que vous aimez, et ceux que vous n'aimez pas?

A quoi servent les objets suivants:
un couteau, une fourchette, une cuiller, un verre, une tasse.

II. Vous êtes en vacances au bord de la mer. Vous jouez avec des camarades sur la plage, lorsqu'un baigneur, emporté loin du rivage, se met à crier au secours. Plusieurs hommes sautent dans un canot-automobile et se dépêchent d'aller au secours du noyé, qu'ils ramènent au rivage. Ensuite le malheureux baigneur est emporté chez lui dans une automobile.

Scène I<sup>ère</sup>. Vous assistez au sauvetage.
Scène II. Arrivé(e) chez vous, vous racontez à votre famille ce qui s'est passé.

III. Faites la description de votre maison. Combien d'étages a-t-elle? combien de pièces? quelles sont les différentes pièces? Que voyez-vous en regardant par les fenêtres de la maison?

IV. Vous allez à Paris pour la première fois. Mrs. Robbins, une amie de vos parents, vous a donné sa carte de visite sur laquelle elle a écrit ceci:

«Mrs. Robbins se rappelle au bon souvenir de Madame Maigron et lui présente son (sa) jeune ami(e), Monsieur (Mademoiselle) X.»

Arrivé(e) à Paris, vous envoyez cette carte, avec la vôtre, à Madame Maigron. Celle-ci vous invite à lui rendre visite. Vous y allez.

(M. le professeur fera Mme Maigron; un élève fera le visiteur.)

# CHAPITRE XVI

## LA CROIX DE SAINT-LOUIS

[Extrait d'une histoire dont la scène se place à Paris, à l'époque de la Révolution.

La croix de Saint-Louis était une décoration militaire décernée aux héros par les rois de France.]

«Aujourd'hui, dit le marquis à l'enfant, tu deviens un homme. Écoute-moi. Il y a des gens qui nous poursuivent, ton père et moi : nous serions en danger si nous sortions de la maison. Ce sera donc toi seul qui iras chez le bijoutier. Tu demanderas à lui parler, et tu lui remettras cette croix avec le billet que ton père va écrire. Tu nous rapporteras ce qu'il te donnera. En revenant tu achèteras du pain. Que Dieu te protège !»

Il était parti depuis trois heures. Le marquis demeurait immobile, la main sur les yeux. Le comte marchait de long en large. La petite Thérèse pleurait silencieusement aux pieds de sa mère. Dans la rue, des bandes passaient avec des hurlements, des rires, des chants.

La comtesse leva la tête, prêtant l'oreille. Un pas léger montait l'escalier. Il y eut un cri de joie général. L'enfant entra ; il était pieds nus et portait un gros pain.

«Qu'est-ce à dire ? interrogea le marquis.

—J'ai acheté du pain avec mes souliers, répondit l'enfant.

—Comment ! ce voleur de bijoutier . . .

—Je n'ai pas été chez lui.

—Alors, qu'as-tu fait de la croix ?

—Je ne l'ai plus.

*LE PÉRIGORD*

—Voyons, dit le comte, explique-nous pourquoi tu n'as pas exécuté la tâche dont je t'avais chargé.»

L'enfant leva les yeux, il raconta dans le silence ce qui lui était arrivé.

Quand il était sorti, il avait gagné tout de suite la rue Saint-Honoré et marché très vite. Il était arrivé à une place. Là, il n'avait plus pu avancer. Une foule s'agitait autour d'une estrade où il y avait des hommes en uniformes et d'autres qui écrivaient. On criait, on chantait. Des jeunes gens montaient sur l'estrade; on inscrivait leurs noms au milieu des applaudissements, et ils redescendaient avec des rubans bleus, blancs et rouges. Des femmes, des hommes âgés apportaient de l'argent, des bijoux. L'enfant était près d'une femme du peuple qui avait l'air bon; il lui avait demandé: «Que font-ils?» La femme avait répondu: «D'où sors-tu, petit? C'est le bureau patriotique où l'on inscrit les volontaires pour combattre les Prussiens et les Autrichiens.» L'enfant avait insisté: «Les Prussiens attaquent la France?—Ils sont en Champagne et marchent sur Paris. Comment ne le sais-tu pas?»

«Alors, continua l'enfant, j'ai vu une femme qui portait un paquet de linge. Elle est montée sur l'estrade et je l'ai suivie. Un homme, avec de vilains mots, m'a demandé ce que je voulais. Alors j'ai dit comme la femme: «Pour les volontaires patriotes,» et je lui ai donné votre croix. J'ai cru que puisque la France vous l'avait donnée après une victoire, vous voudriez la lui rendre maintenant qu'elle est pauvre et en danger. Puis j'ai acheté du pain en donnant mes souliers.»

Le marquis sentit ses yeux qui se mouillaient. Alors il attira vers lui l'enfant pâle et immobile, et il lui dit:

«Sois béni. Tu as bien commencé ta vie d'homme.»

D'après ANDRÉ LICHTENBERGER, *Roses de France*
(Plon)

1. Quelle commission le jeune garçon devait-il faire?
2. Combien de temps fut-il absent?
3. Qu'est-ce qu'on remarqua quand il rentra?
4. Racontez en quelques phrases ce qui lui était arrivé.
5. Qu'est-ce que le marquis pensa de cette action?

## LA MARSEILLAISE

Allons, enfants de la patrie!
Le jour de gloire est arrivé.
Contre nous, de la tyrannie
L'étendard sanglant est levé.
Entendez-vous dans nos campagnes
Mugir ces féroces soldats?
Ils viennent jusque dans nos bras
Égorger nos fils et nos compagnes!
Aux armes, citoyens! formez vos bataillons!
Marchons! qu'un sang impur abreuve nos sillons!

ROUGET DE LISLE

Comme vous le savez déjà, la *Marseillaise* est l'hymne national français. Ce chant, paroles et musique, fut composé à Strasbourg en 1792, par un officier nommé Rouget de Lisle. Les révolutionnaires venus de Marseille furent les premiers à le chanter à Paris, et c'est ainsi que ce chant prit le nom de *Marseillaise,* qui lui est resté.

———

### 16. GRAMMAIRE

Study §52, p. 188.

### 16. EXERCICES: PREMIÈRE SÉRIE

I. (P. 188, §52) Remplacez le tiret par **il** ou **ce** (**c'**):

1. — sera inutile de me suivre; — sera inutile, vous dis-je. 2. — est probable que nous les verrons en ville. Oui, — est probable. 3. — est vrai. 4. — était difficile de faire un choix. 5. Est — possible que toute la famille y aille? Oui, — est possible. 6. — est évident. 7. — fut nécessaire de creuser un grand trou. 8. — est indispensable que tout soit prêt à l'heure dite. 9. — est facile.

II. (P. 181, §§ 38–39) Traduisez:

1. We have some excellent sausages. 2. My own teeth. 3. My boy, your hands are not clean. 4. He is an ex-policeman. 5. I am very fond of old churches. 6. Such a compliment; such a conversation; such difficulties. 7. Such a great success; such sweet memories. 8. He is not intelligent enough to[1] understand that. 9. You are too polite to[1] say it.

[1] Preposition? § 23.

III. (P. 189, § 54) Complétez les phrases suivantes avec **ce qui** ou **ce que**:

1. Allons voir — se passe. 2. Comprends-tu — je veux dire? 3. Je voudrais savoir — il y a dans ce paquet. 4. Je fais — me plaît. 5. Vous pouvez emporter — reste. 6. Nous nous demandions — ils allaient faire. 7. — me semble curieux, c'est qu'il n'en a jamais parlé. 8. Je ne sais pas — je ferai ce soir.

IV. Exemple: casser; elle casse     elle a cassé

| | |
|---|---|
| elle cassait | elle avait cassé |
| elle cassa | elle eut cassé |
| elle cassera | elle aura cassé |
| elle casserait | elle aurait cassé |

Give the same parts of:

| | | |
|---|---|---|
| chercher | tomber | se coucher |
| remplir | partir | se battre |
| lire | venir | se souvenir |

V. Exemple: J'ai besoin de ce journal.
     { J'en ai besoin.
     { C'est un journal dont j'ai besoin.

Do similar practice with:

1. J'ai peur de cette bête. 2. Il a honte de cette action. 3. Nous avons grand soin de ce meuble. 4. Je me souviens de ces événements. 5. Mon fils ne se sert pas de ce tiroir. 6. Il s'est moqué de ce conseil. 7. Ils se plaignent de ce travail. 8. Je m'aperçois de cette différence.

VI. Traduisez:

1. He shook hands with the doctor. 2. I begged his pardon. 3. Have you paid for the seats? 4. We have called on his parents. 5. Have you posted my letters? 6. She opened her eyes wide. 7. This afternoon we went round the shops. 8. The little scamp had climbed up my apple-tree! 9. Father was in a temper. 10. He pretended not to hear. 11. It is no good your trying,[1] you won't open it. 12. What is the matter with you? 13. What is her name? 14. How are you, my friend? 15. What is their car like? 16. That does not matter. 17. Pay attention to what I am saying. 18. That old lady has fallen and has hurt herself.

1. Use the expression **avoir beau (faire)**, *to (do) in vain*, e.g. il avait beau crier.

## 16. EXERCICES: DEUXIÈME SÉRIE

I. Faites votre choix.
   Exemple: chien
            chat
   Réponse: Je préfère un chien.
            *ou* J'aime mieux un chien.

| pomme | eau | thé | viande |
|-------|-----|-----|--------|
| poire | vin | café | poisson |

| | | | |
|---|---|---|---|
| jambon | beurre | confiture | pêche |
| bifteck | fromage | moutarde | banane |
| chou | printemps | hiver | soleil |
| carotte | automne | été | ombre |
| pluie | lycée | classe | ville |
| neige | maison | vacances | campagne |
| théâtre | bal | bicyclette | taxi |
| cinéma | promenade | automobile | autobus |
| cochon | mouton | grenouille | rat |
| âne | chèvre | hibou | souris |
| jeu | plaisir | bruit | paix |
| travail | douleur | silence | guerre |

II. *Rougir* veut dire *devenir rouge*.

Expliquez de même le sens des verbes suivants : grandir, mûrir, jaunir, blanchir, pâlir, faiblir, maigrir, grossir, vieillir.

III. Donnez la définition des mots suivants :

| | | |
|---|---|---|
| route | verger | basse-cour |
| rue | caverne | étable |
| bois | château | écurie |
| forêt | | |

Qu'est-ce qui fait un joli paysage ?

IV. Faites une petite description de vous-même pour un correspondant qui ne vous a jamais vu(e) :

| | | |
|---|---|---|
| votre âge | votre famille | vos études |
| votre personne | votre maison | vos goûts |

LES VOSGES. *Près d'Épinal*

## CHAPITRE XVII

### NOIRAUD

«Le père Simon?

—C'est bien ici, me répondit une vieille femme; c'est pour aller au Chaudron?

—Oui, c'est pour aller au Chaudron.

—Eh bien! Il ne va pas bien depuis ce matin, le père Simon . . . il n'a pas de jambes . . . il ne peut sortir . . . Seulement, ne vous inquiétez pas, il y a quelqu'un pour remplacer . . . il y a notre chien . . .

—Comment! votre chien?

—Oui, Noiraud; il vous conduira très bien . . . aussi bien que mon mari . . . il a l'habitude.

—L'habitude?

—Certainement; depuis des années et des années, le père Simon l'emmène avec lui; alors il a appris à connaître les endroits . . . il a bien souvent conduit des voyageurs et nous en avons toujours eu des compliments . . . Prenez Noiraud. Et puis ça vous coûtera moins cher; c'est trois francs, mon mari; Noiraud, ça n'est que trente sous, et il vous en fera voir pour trente sous autant que mon mari pour trois francs. . . . Je l'appelle?

—Oui, appelez-le.

—Noiraud! Noiraud!»

Il arriva. C'était un petit chien noir à longs poils. Son premier regard fut pour moi; un regard qui disait clairement: C'est un voyageur; il veut aller voir le Chaudron.

J'expliquai à cette brave femme que je n'avais que trois heures pour ma promenade au Chaudron.

*LA BRETAGNE. Dolmen*

«Oh! je sais bien, me dit-elle, vous voulez prendre le train de quatre heures. Ne craignez rien, Noiraud vous ramènera à temps. . . . Allons, Noiraud, en route, mon garçon, en route. . . . Au Chaudron! au Chaudron! au Chaudron!»

Elle répéta ces mots trois fois.

Noiraud répondit aux paroles de sa maîtresse par de petits signes de tête qui semblaient dire:

«Oui, oui, au Chaudron, j'ai compris, j'ai parfaitement compris. Ah çà! mais, me prenez-vous pour une bête?»

Nous partîmes tous les deux, lui devant, moi derrière. Nous traversâmes ainsi tout le village. Des enfants qui jouaient dans la rue reconnurent mon guide:

«Hé, Noiraud! Bonjour, Noiraud!»

Ils voulaient jouer avec le chien; mais il tourna la tête de l'air d'un chien qui n'a pas le temps de s'amuser, d'un chien qui est en train de faire son devoir et de gagner trente sous.

LUDOVIC HALÉVY, *Karikari*
(Calmann-Lévy)

1. Quel endroit le voyageur voulait-il visiter?
2. Pourquoi le père Simon ne pouvait-il pas l'y mener?
3. Madame Simon dit que son mari «n'a pas de jambes».
   Que veut-elle dire?
4. Pourquoi avait-on donné au chien le nom de «Noiraud»?
5. Combien fallait-il payer les services de Noiraud?
6. Quel train le voyageur devait-il prendre?
7. Décrivez le départ du voyageur et du chien.

---

## LE VOLEUR DE POMMES DE TERRE

Tout dormait, sauf un homme amateur de mystère,
Qui s'en allait dans le champ du voisin
   Dérober des pommes de terre.
Il poussait sa brouette en montant le chemin;
La roue, à chaque tour, criait en son langage:
«Nous serons pris, nous serons pris, nous serons pris.
—Non, non!» murmurait l'homme, et les chauves-souris
Disaient: «Si, si!» sur son passage
Et tournoyaient avec de petits cris.

1. Qu'est-ce que c'est que des pommes de terre? Comment sont les pommes de terre? Où poussent-elles?
2. Que veut dire «dérober»?
3. Combien de roues une brouette a-t-elle? Qu'est-ce que cet homme allait rapporter dans sa brouette?

4. Décrivez une chauve-souris. A quel moment de la journée voit-on des chauves-souris? Que font-elles pendant le reste de la journée?
5. Dans ce poème, pourquoi les chauves-souris criaient-elles «si, si» et non pas «oui, oui»?

---

### 17. GRAMMAIRE

Study the notes on certain adverbs and conjunctions in §67, p. 194.

#### 17. EXERCICES: PREMIÈRE SÉRIE

**I.** (P. 194, § 67) Traduisez:

1. Soon it began to rain. 2. Why have they come back so soon? 3. You must have arrived there too soon. 4. To-morrow morning I shall get up earlier. 5. Last night we got home rather late. 6. Hurry up! you will be late. 7. Somewhere in the forest. 8. You will not see that anywhere. 9. While he was sleeping, someone had entered the room. 10. You make few mistakes, whereas your friend makes a lot (of them). 11. How pale you are, my child! 12. The old man did not reply, for he was very deaf. 13. What is the time now? 14. Now this miller had three sons . . . 15. Try once more. 16. Whenever we go there, we meet the same people.

**II.** Conjuguez:

1. Si je ne me dépêche pas, je serai en retard.
2. Si je partais tout de suite, j'y arriverais à temps.
3. Si je l'avais fait, je l'aurais regretté.
4. Si j'étais descendu(e) trop vite, je serais tombé(e).
5. Si je m'étais trompé(e), je me serais excusé(e).

III. (Pp. 183–84, §§ 43–45) Remplacez les mots en italique par des pronoms:

1. *L'élève* porta *les cahiers au professeur*. 2. Prête *ton mouchoir à ton petit frère*. 3. Il y a *des petits pains*. 4. Ne me rendez pas *ces allumettes*. 5. C'est *mon cousin* qui m'a envoyé *ces cartes postales*. 6. Apportez-moi *ces casseroles*. 7. Nous vous trouverons *à l'entrée du cinéma*. 8. Ne nous menez pas *chez le dentiste*. 9. Demandons *du lait à cette fermière*. 10. *Le malheureux* avait emprunté *de l'argent à sa vieille tante*. 11. Ne laissons pas *nos bicyclettes sur la route*. 12. Voilà *le patron*! 13. Emmenez-nous *au Bois de Boulogne*! 14. J'avais vu *ces gens à la foire*. 15. Ne lui dites pas *ce que vous savez*.

IV. Le subjonctif (p. 92 et p. 101).

(*a*) Conjuguez: Il faut que je le dise.

Il faut que je me batte.

Exemple: connaître; je connaisse
nous connaissions
ils connaissent

Give the same parts of the present subjunctive of:

| | | | |
|---|---|---|---|
| dormir | tenir | avoir | pouvoir |
| construire | recevoir | s'en aller | savoir |
| s'asseoir | envoyer | faire | |
| courir | apprendre | être | |

(*b*) Mettez le verbe à la forme convenable:

1. Je veux que tu (prendre) un bain. 2. Il est possible que nous (se tromper). 3. Dépêchons-nous de rentrer avant qu'il ne (pleuvoir). 4. Attendons que ces gens (s'en aller). 5. Il est impossible que le voleur (être) encore dans la maison. 6. Je suis content que

vous (aller) mieux. 7. Ouvrez donc la bouche pour qu'on vous (entendre)! 8. Il est nécessaire que ce voyageur (prendre) le rapide. 9. Je ne crois pas que ses parents le (savoir). 10. Nous regrettons que vous (partir) si tôt. 11. Bien que nous (habiter) tout près, je vous vois rarement. 12. C'est dommage que vous (être) si pressés. 13. Ils ne le sauront pas, à moins que vous ne le leur (dire). 14. Nous avons peur qu'il ne (faire) quelque chose d'imprudent. 15. Ils travaillent jusqu'à ce que je leur (dire) de se reposer. 16. Croyez-vous qu'il (pouvoir) payer une pareille somme?

V. Traduisez:

M. Soleillant called[1] his wife: "I say,[2] Nicolette, you haven't seen a yellow envelope? It contains an important paper. I can't find it anywhere. I am almost certain that I put[3] it in this drawer, but it is[4] impossible to find anything[5] among all these old letters."

"Most of those letters are yours," replied his wife. "If you put your yellow envelope in that drawer, it must still be there." And she went out.

M. Soleillant got angry. He took out all the old letters and burned them. At the bottom of the drawer he found the yellow envelope.

"Nicolette!" he called, "I've found that paper, and I've taken out all those old letters and burned[3] them."

"What!" exclaimed Mme Soleillant, "then you must have[6] burnt the letter we received[3] yesterday from uncle Albert . . . and it contained a thousand-franc note[7]!"

1. Past historic. 2. "I say", used for calling attention, is *dites* (*dis*) *donc!* Use here the second person singular, *dis donc!* 3. Perfect tense in conversation; agreement of past participle? 4. *il est* or *c'est*? §52. 5. *rien*, before the verb. 6. §24. 7. "a note of 1,000 francs".

I. Dans un café, un client appelle le garçon et lui dit: «Voulez-vous me donner de quoi écrire?» Le garçon répond: «Bien, monsieur.» Qu'est-ce qu'il apporte au client?

II. Scène à jouer.

Cela se passe dans une usine. Un certain nombre d'ouvriers travaillent. Un jeune ouvrier, nommé Bacha, dépose sa pipe à côté de lui. Un camarade ramasse la pipe et, très doucement, il la passe dans la ceinture de Bacha, par derrière. Peu après, celui-ci cherche sa pipe, ne la trouve pas, et accuse ses camarades l'un après l'autre. Il finit par se mettre en colère. Enfin un vieil ouvrier s'écrie: «Mais qu'est-ce qu'il a donc là, dans sa ceinture!» Rires. Bacha allume sa pipe et se calme.

III. Que savez-vous de la vie de Jeanne d'Arc?

IV. Sujet: les oiseaux.

De quoi les oiseaux sont-ils couverts? Avec quoi volent-ils? Que mangent-ils?

Quand les oiseaux font-ils leur nid? Où font-ils leur nid?

Qu'est-ce qu'un *oiseau de passage*? Nommez quelques oiseaux de passage.

Pourquoi trouve-t-on rarement un oiseau mort?

## CHAPITRE XVIII

### LETTRES DE VOLONTAIRES

[A la suite de sa traversée périlleuse de l'Atlantique en 1924, à bord de son petit yacht, le «Firecrest», Alain Gerbault reçut de nombreuses offres de services. Émus par son exploit, des hommes de toutes les nationalités suppliaient Gerbault de les emmener à bord de son yacht quand il partirait pour sa croisière dans les mers du Sud.

Alain Gerbault mourut dans l'île de Timor, en 1944.]

En relisant toutes ces lettres que je garderai toujours, je pense que mon geste ne fut pas vain, quand tant d'hommes forts et énergiques n'attendent qu'un mot pour me suivre et m'obéir. Peut-être rendrais-je, en les emmenant, plus de services à mon pays; mais alors ma croisière ne serait plus mienne et je n'aurais plus la satisfaction d'être le seul matelot de mon navire. Si je prenais quelqu'un avec moi, ce serait pour avoir un compagnon. J'aimerais qu'il ne me rende que peu de services et je voudrais faire moi-même tout le travail du bord.

En lisant certaines lettres, je reste triste et rêveur, car je devine que leurs auteurs aiment réellement la mer. Je pense à ma tristesse d'être à terre. Je les comprends et les aime comme des frères. Lorsque j'ai refusé la demande de cet ancien matelot, j'ai été fort triste:

«Je regrette la mer, je voudrais parcourir encore ses flots immenses. Je voudrais encore vivre cette vie de matelot avec ses angoisses et ses peines; c'est pourquoi je vous supplie de m'emmener avec vous. Je supporterais à vos côtés sans me plaindre les angoisses des tempêtes, je voudrais être avec vous pour cette vie sans lendemain. Je

*LA CHAMPAGNE. Mareuil-sur-Ay, près d'Épernay*

ne vous demande rien, je n'emporterai rien, je ne veux rien rapporter. Je vous supplie de me prendre à votre service.»

Je ne peux relire cette lettre sans être ému jusqu'aux larmes. Dans ma bibliothèque de bord, elle aura sa place à côté de mes poètes préférés, à côté des ballades de John Masefield et des contes de Bill Adams. C'est une lettre écrite par un vrai marin qui sut décrire simplement son amour de la mer.

ALAIN GERBAULT, *Seul, à travers l'Atlantique*
(Grasset)

1. Quelles sont les lettres dont parle Alain Gerbault?
2. Que désirent tous ces gens qui lui écrivent?
3. Qu'est-ce qu'une croisière?
4. Qu'est-ce qu'un marin solitaire peut faire pendant une longue traversée?
5. Quels sont les dangers qui menacent les marins?
6. Alain Gerbault parle de son *pays*. Quel était son pays?

7. Qu'y a-t-il dans une bibliothèque ?
8. Comment sait-on que Gerbault connaissait bien l'anglais ?
9. Pourquoi aimait-il les auteurs dont il parle ?

---

Pourtant j'aime une rive
Où jamais des hivers
Le souffle froid n'arrive
Par les vitraux ouverts.
L'été, la pluie est chaude,
L'insecte vert qui rôde
Luit, vivante émeraude,
Sous les brins d'herbe verts.

1. Le poète rêve à un pays qu'il aime. Comment est ce pays ?
2. Quel est le singulier de *vitraux* ? Connaissez-vous d'autres noms semblables ?
3. L'insecte dont il s'agit dans le poème est le ver luisant. Comment est cet insecte ? Qu'est-ce qu'il a de particulier ?

---

## 18. GRAMMAIRE

### AIDS FOR REMEMBERING THE GENDER OF NOUNS

To the French, mistakes of gender (*e.g.* saying «mon famille» for «ma famille») sound merely ridiculous, and one must make an effort to reduce such mistakes to a minimum.

There are of course great numbers of nouns, but the gender of a large proportion of them may be known from their appearance, and a little practised observation will save much effort of memory.

### Masculine nouns:

All nouns ending in **-ier**:

le sucrier (*sugar-basin*); un encrier (*ink-pot*).

123

Nouns ending in **-ment**:

    le commencement; le mouvement.

Nouns ending in **-eau**:

    le tableau (*picture*); le cadeau (*present*).

    Exceptions: une eau (*water*); la peau (*skin*).

Nouns ending in **-age**:

    le garage; le voyage.

    Exceptions: la page (*page*); la cage (*cage*).

              la plage (*beach*); une image (*picture*).

**Feminine nouns:**

Nouns ending in **-ion**:

    la direction; une observation.

    Exceptions: le million; un avion (*aeroplane*).

Nouns ending in **-ade**:

    la salade; la promenade.

Nouns ending in **-ence** and **-ance**:

    la correspondance; la prudence.

    Exception: le silence.

Nouns ending in **-ière**:

   la frontière; la théière (*tea-pot*).

Nouns ending in **-ille, -ine**:

    la famille; la colline (*hill*).

Nouns ending in **-té, -tié**:

    la santé (*health*); la pitié (*pity*).

    Exceptions: le côté (*side*); un été (*summer*).

There are other useful generalizations:

The names of the seasons, the months and the days are all masculine.

The names of trees are nearly all masculine (*e.g.* le chêne, *oak*; le hêtre, *beech*).

The names of fruits are nearly all feminine (*e.g.* la pomme, *apple*; la poire, *pear*).

**I.** (Pp. 171–73, §§19–22) Complete the sentence with a preposition (**à** or **de**) where necessary:

1. Quand comptez-vous — terminer ce travail?
2. Je lui ai offert — l'accompagner. 3. Nous avons déjà entendu — parler de vous. 4. Le curé fut le dernier — s'en aller. 5. Nous serons heureux — vous voir. 6. Venez — vous reposer un instant. 7. Vous n'avez pas besoin — envelopper ces articles. 8. Je ne m'attendais pas — vous rencontrer ici. 9. On vous a vu — venir. 10. Dépêchez-vous — manger vos tartines! 11. Le gardien consentit — les laisser entrer. 12. Nous leur avons conseillé — ne rien faire. 13. Ma tante est montée — chercher son manteau. 14. Leur permettez-vous — cueillir des fruits? 15. As-tu l'intention — aller à la chasse? 16. Rien ne me fait — rougir.

**II.** Traduisez:

1. Look at that poster! 2. Let us listen to this pretty song. 3. Are you waiting for somebody? 4. I am looking for my comb. 5. My friends live in Lille. 6. I have already paid for the tickets. 7. Send for the station-master! 8. His grandmother has given him some woollen gloves. 9. We shall tell them the truth. 10. I have sent her some silk stockings. 11. Have you shown them the photographs? 12. I won't lend Jean my bicycle! 13. We asked for water and we were given wine ( =one gave us wine).

**III.** Mettez le verbe au temps convenable:

1. Lorsque maman (être) prête, nous pourrons partir. 2. Dès que le patron (être) sorti, les employés commencèrent à rire. 3. Je connaissais bien ce capitaine,

je le (voir) tous les jours. 4. Hier la bonne (casser) deux de mes meilleures assiettes. 5. Tu m'as dit que tu pourrais venir dès que tu (avoir) fini ton service. 6. Quel était ce grand café qui (se trouver) en face de l'hôtel de ville? 7. Alors le roi (comprendre) la gravité de la situation. 8. Ce jour-là le vieillard ne (sortir) point. 9. Aussitôt que j' (avoir) déjeuné, j'irai les voir. 10. Je me demandais ce que je ferais quand j' (arriver) chez moi. 11. Quand je suis entré chez le coiffeur, il n'y (avoir) personne. 12. Aussitôt que le douanier (avoir) visité nos bagages, nous nous dirigeâmes vers le train.

IV. (P. 163, §5) Mettez la forme correcte du participe passé:

1. J'ai cueilli de belles fleurs et je les ai (mis) dans mes vases. 2. Quelles propriétés ont été (vendu)? 3. Quelle est cette forêt que nous avons (traversé)? 4. Plusieurs grands paquebots sont (arrivé) aujourd'hui. 5. Quels plats avez-vous (choisi)? 6. L'employé nous a (rendu) nos passeports. 7. Il y a de grosses pommes dans le verger; nous en avons (mangé). 8. Ma cousine s'est (marié) au mois de juin. 9. La petite s'est (mordu) la langue. 10. Nous nous sommes (écrit) plusieurs fois.

V. Traduisez:

The young man stopped in front of the café. He was handsome but rather poorly dressed. He took off his hat and said, "Ladies and gentlemen, doubtless you sometimes[1] go to the opera, where you listen with pleasure to the celebrated artists. Those[2] are the singers who have been lucky, but there are others who know how to sing too. Will[3] you listen to me for a few moments, please?"

He sang beautifully. I wondered why such a[4] handsome man with such a[4] beautiful voice was obliged to[5] earn his living by singing[6] in the streets. When he had finished[7] singing he took a saucer from[8] one of the tables, placed a serviette on it[9] and went round the café. Most of the customers gave him something. He put the money in his pocket, put down the saucer and the serviette, bowed and walked away. The waiters, with[10] arms folded, watched all this[11] with indifference.

1. Adverb after verb. 2. *Ceux-là*. 3. *vouloir*. 4. § 39. 5. "obliged to (do)", *obligé de (faire)*. 6. § 18. 7. Past anterior; § 9(*b*). 8. *sur*. 9. "on it"= *y*. 10. § 33(*c*). 11. *cela*.

## 18. EXERCICES: DEUXIÈME SÉRIE

I. Donnez le féminin des noms suivants:

| | | | |
|---|---|---|---|
| le mari | le visiteur | le paysan | l'Européen |
| le fils | le maître | l'ouvrier | le Gallois |
| l'oncle | le voisin | le voyageur | le Belge |
| le petit-fils | le fermier | le client | le concierge |
| le neveu | le boucher | le roi | le patron |
| le monsieur | le marchand | le prince | le pharmacien |
| un ami | l'épicier | l'étranger | le Parisien |

II. (P. 203, §79) Répondez:

1. De quelle nationalité êtes-vous? 2. Connaissez-vous le français? 3. Quand parlez-vous français? 4. Quand est-ce que vous irez en France? 5. Que ferez-vous quand vous serez en France? 6. Comment sont les Français? 7. Quels sont les produits qui viennent de France? 8. Quelles langues parle-t-on au Canada? 9. Êtes-vous jamais allé aux États-Unis? 10. Combien d'États composent les États-Unis d'Amérique?

*LA BEAUCE. Les blés*

III. Vous êtes invité(e) chez une dame (Mme Mégroz). Au moment de partir pour vous rendre chez elle, vous découvrez que vous avez perdu son adresse. Vous connaissez un monsieur (M. David) qui habite le même quartier, et qui connaît Mme Mégroz. Vous allez chez M. David, vous lui demandez où habite Mme Mégroz. Il vous offre de vous conduire chez elle.

*Scène 1ère*. Vous arrivez chez M. David. Conversation avec M. et Mme David.

*Scène II*. Vous allez chez Mme Mégroz. En route vous causez avec M. David. Devant la maison de Mme Mégroz, M. David vous serre la main et vous dit au revoir.

IV. Sujet: les foules.

Où et quand voit-on des foules ?

V. Racontez l'histoire de la Belle au bois dormant, ou bien l'histoire d'Aladin et de la lampe merveilleuse.

## CHAPITRE XIX

### DON QUICHOTTE ET LES MOULINS A VENT

Un jour, Don Quichotte aperçut au loin, dans la plaine, trente ou quarante moulins à vent.

«Ami, dit-il à Sancho, vois-tu là-bas ces géants terribles? Ils sont plus de trente: n'importe, je vais attaquer ces fiers ennemis et les mettre à mort!

—Quels géants? demanda Sancho.

—Ceux que tu vois là-bas avec ces grands bras démesurés.

—Mais, Seigneur, prenez garde, ce sont des moulins à vent, et ce qui vous paraît des bras n'est autre chose que leurs ailes.

—On voit bien, répondit Don Quichotte, que tu n'as aucune expérience des aventures. Ce sont des géants, te dis-je. Si tu as peur, retire-toi et prie, tandis que je livrerai bataille à ces monstres!»

En disant ces mots, il pique Rossinante de l'éperon sans écouter les cris du pauvre Sancho, qui lui répétait que, sans aucun doute, c'étaient des moulins et non des géants qu'il allait attaquer.

Arrivé près des moulins, notre chevalier cria:

«Attendez-moi, attendez-moi, lâches brigands! Ne fuyez pas, c'est un chevalier seul qui vous attaque!»

A l'instant même, un peu de vent s'éleva, et les grandes ailes des moulins se mirent à tourner.

«Oh! vous avez beau faire, s'écria Don Quichotte, si vous remuez cent bras, vous serez punis tout de même!»

Il apprêta sa lance et, bien couvert de son bouclier, il mit Rossinante au galop et fondit sur le premier moulin qu'il rencontra. Accroché par l'aile tournante, il fut enlevé et jeté à vingt pas avec son cheval.

Sancho accourut au grand trot de son âne. Il eut de la peine à relever son maître, tant la chute avait été violente.

«Que Dieu me protège! s'écria Sancho, ne vous avais-je pas prévenu, Seigneur, que c'étaient des moulins à vent?

—Paix! paix! ami Sancho, dit le héros, le métier de la guerre a bien des surprises, surtout lorsqu'on a pour ennemi un redoutable enchanteur. Je vois ce qu'il vient de faire: il a changé les géants en moulins à vent pour me priver de la gloire de les abattre. Mais mon épée triomphera, je vaincrai!»

D'après CERVANTES (1547–1616)

1. Qui était Don Quichotte?
2. Comment s'appelait le cheval de Don Quichotte?
3. Qui était Sancho? Quelle bête montait-il?
4. Où les moulins à vent étaient-ils généralement construits?
5. Quand Cervantes vécut-il? (Il naquit en . . ., il mourut en . . .) Quelle était sa nationalité?
6. Décrivez la situation de l'Espagne. Décrivez le caractère du pays. Quelle est la capitale de l'Espagne? Apprenez-vous l'espagnol? Dans quels pays parle-t-on l'espagnol?

*LA LORRAINE. Village lorrain*

### CHANSON

Quand on perd, par triste occurrence,
    Son espérance
    Et sa gaîté,
Le remède au mélancolique
    C'est la musique
    Et la beauté!

Plus oblige et peut davantage
    Un beau visage
    Qu'un homme armé,
Et rien n'est meilleur que d'entendre
    Un air doux et tendre
    Jadis aimé.

ALFRED DE MUSSET

1. Quelles sont les choses que le poète aime le plus?
2. Selon le poète, qu'est-ce qui peut consoler un cœur plein de tristesse?

## 19. GRAMMAIRE

Study the notes on the use of certain prepositions (§68, p. 195).

### 19. EXERCICES: PREMIÈRE SÉRIE

I. (P. 195, §68) Traduisez:

1. My grandparents were sitting in the garden.
2. Let us sit in the shade. 3. Our country must have its place in the sun! 4. On my return I found nobody.
5. In my opinion, that scene was ridiculous. 6. It is the house with green shutters. 7. The young lady in the blue hat. 8. Our village is some distance from Cognac. 9. London is 380 kilometres from Paris.
10. In a frightful manner. 11. I don't like the way he talks. 12. He shouted with all his might. 13. On one side of the road there is a farm, on the other side there is a pond. 14. On all sides one sees magnificent buildings. 15. Before 7 o'clock a crowd had assembled in front of the palace. 16. We shall come out of the theatre at about 11 o'clock. 17. About a fortnight ago.
18. I shall write to them about this bill.

II. Mettez le verbe au parfait:

1. Je les surveille bien. 2. La récompensez-vous?
3. Nous ne les taquinons jamais. 4. Il ne répare rien.
5. Nous ne distinguons personne. 6. Ne les gâtez-vous pas? 7. Y allez-vous exprès? 8. Je n'en achète pas.
9. Il le leur donne. 10. Nous ne les lui montrons pas.
11. Tu ne les y vois pas? 12. Ne vous baignez-vous pas? 13. Ils ne s'en vont pas. 14. Je comprends tout.
15. Vous n'entendez pas tout.

III. (P. 174, §23) Traduisez:

1. Instead of hurrying, she stopped in front of a shop. 2. We are too busy to do it to-day. 3. Nobody is clever enough to deceive everybody. 4. Think (*réfléchir*) well before answering. 5. One must act without hesitating. 6. What a spoilt child! His father begins by scolding him and always ends by kissing him. 7. After having (*prendre*) a bath, I went to bed.

IV. Mettez au pluriel:

1. Un bel homme; un vieil arbre; un nouvel ami; un dur travail; un beau vitrail; un gros chou; un rêve étrange. 2. Malgré lui; au-dessus de toi; au-dessous de moi; c'est elle. 3. Je me suis approché de lui. 4. Il se souvient de toi. 5. Tu te moques de moi. 6. Moi, je n'en sais rien. 7. Tu l'as amené toi-même. 8. Je suis plus raisonnable que lui. 9. Celui qui se plaint sans cesse n'arrive à rien. 10. Celle que tu cherches n'y habite plus. 11. J'aime mieux celui-ci que celui-là. 12. Où est le nôtre? 13. J'emprunterai le sien.

V. Exemple: Je pars.

$$\left\{\begin{array}{l} \text{Il me faut partir.} \\ \text{Il faut que je parte.} \\ \text{Je dois partir.} \end{array}\right.$$

Do similar practice with:

1. Nous faisons nos adieux. 2. Je prends mon parapluie. 3. Tu vas chez le dentiste. 4. Il est prêt à dix heures. 5. Ils apprennent l'allemand. 6. Vous trouvez une pharmacie.

VI. Traduisez:

"What are you?" asked the young boy, "where are you from[1]?" — "I am an Englishman,[2]" I replied,[3] "I am from London." — "Oh, you are a[4] foreigner!" exclaimed the boy. "That's funny, because you speak French more or less as we do.[5] You don't talk like those foreign soldiers who were here during the war. Those men used to say 'mon mère', but, you know, in French we always[6] say 'ma mère'. I wonder why they used to say 'mon mère'; it isn't natural!"

1. "from where are you?" 2. §79(b). 3. Inversion: "replied I". 4. Article omitted in these cases in French. 5. "like us". 6. Adverb after verb.

## 19. EXERCICES: DEUXIÈME SÉRIE

I. Lisez à haute voix les sommes suivantes:

| | | |
|---|---|---|
| 18 francs | 100 francs | 986 francs |
| 56 francs | 300 francs | 1,000 francs |
| 75 francs | 432 francs | 14,000 francs |
| 80 francs | 769 francs | 2,483 francs |
| 95 francs | 577 francs | 7,641 francs |

Additionnez:

| | |
|---|---|
| 58 | 13 |
| 24 | 49 |
| 549 | 187 |
| 785 | 744 |
| 6936 | 2395 |

II. Décrivez la journée d'une bonne ménagère.

III. Scène: une ferme. De bon matin, on laisse sortir tous les animaux. Quels animaux voit-on? Où vont-ils? Que font-ils?

IV. C'est la nuit. Vous êtes seul dans un compartiment de chemin de fer. Vous vous endormez. Vous vous réveillez pour trouver devant vous un homme dont le visage est couvert d'un mouchoir; il tient à la main un revolver. Vous avez peur, vous allez tirer le signal d'alarme, lorsque ce personnage se met à rire; il découvre son visage: c'est un camarade qui vous joue une farce; son «revolver» est tout simplement son porte-plume à réservoir.

V. (a) Sujet: Les politesses pour les dames.

(b) Adressez des compliments:

1⁰ A une maîtresse de maison sur l'excellence de sa cuisine.

2⁰ A une jeune fille fort joliment habillée.

3⁰ A quelqu'un qui a bien joué dans un match de football ou de tennis.

4⁰ A quelqu'un qui a été reçu à un examen.

un beau succès        féliciter
c'est très bien!       les félicitations

*LE SKI*

# CHAPITRE XX

## LA VENTE

Jack, stupéfait, monta mêlé dans cette foule, et il eut peine à reconnaître l'appartement, tellement toutes les pièces semblaient confondues dans le désordre de leurs meubles transportés d'un endroit à l'autre. Les visiteurs ouvraient les tiroirs vides, donnaient de petites tapes sur le bois des bahuts, le cuir des chaises, regardaient autour d'eux d'un air impertinent, et quelquefois, en passant devant le piano, une dame élégante, sans s'arrêter, faisait sonner les notes. L'enfant croyait rêver en voyant sa maison envahie par cette foule où il ne reconnaissait personne, où il passait inaperçu comme n'importe quel étranger.

Et sa mère, où était-elle?

Il essaya d'entrer dans le salon; mais la foule s'y pressait, regardant quelque chose au fond de la pièce, et Jack, trop petit pour rien distinguer, entendait seulement crier des chiffres et les petits coups secs d'un marteau frappant sur une table.

«Un lit d'enfant...»

Jack vit passer près de lui, entre de grosses mains noires, le petit lit où il avait fait ses plus jolis rêves. Il voulait crier: «Mais il est à moi, ce lit! Je ne veux pas qu'on l'emporte...» Mais il ne dit rien. Et il était là, stupide, errant, éperdu, cherchant sa mère de pièce en pièce, dans la confusion de cet appartement, dont toutes les portes étaient ouvertes, et où entrait le tumulte du boulevard, quand soudain on lui saisit le bras:

«Comment! monsieur Jack, vous n'êtes donc plus au collège?»

C'était Constant, la femme de chambre de sa mère, Constant endimanchée, coiffée d'un chapeau à rubans roses, très rouge, l'air important.

«Où est maman?» lui demanda l'enfant à voix basse et d'un accent si anxieux, que la grosse femme en eut le cœur touché.

«Votre mère n'est pas ici, mon pauvre petit.

—Et où est-elle?... Qu'est-ce qu'il y a?... Qu'est-ce que c'est que tout ce monde?

—C'est du monde qui est venu pour la vente. Mais ne restez pas là, monsieur Jack. Descendons dans la cuisine; nous serons mieux pour causer.»

ALPHONSE DAUDET, *Jack*

1. Qu'est-ce qui se passait dans cet appartement?
2. Quels étaient les visiteurs qui se pressaient dans les pièces?
3. D'où Jacques vient-il? Qui est-ce qu'il vient chercher? Qu'est devenue sa mère?
4. Quel était le monsieur qui parlait haut et qui frappait des coups de marteau sur la table?
5. Nommez des objets qui sont en cuir.
6. Qui était Constant? Comment était-elle?
7. Que veut dire «endimanché»?

LES LANDES. *Berger landais*

## LA CIGALE ET LA FOURMI

La cigale ayant chanté
Tout l'été,
Se trouva fort dépourvue
Quand la bise fut venue.
Pas un seul petit morceau
De mouche ou de vermisseau.
Elle alla crier famine
Chez la fourmi sa voisine,
La priant de lui prêter
Quelque grain pour subsister
Jusqu'à la saison nouvelle.
«Je vous paierai, lui dit-elle,
Avant l'août, foi d'animal,
Intérêt et principal.»
La fourmi n'est pas prêteuse;
C'est là son moindre défaut.
«Que faisiez-vous au temps chaud?
Dit-elle à cette emprunteuse.
—Nuit et jour, à tout venant,
Je chantais, ne vous déplaise.
—Vous chantiez? J'en suis fort aise.
Eh bien, dansez maintenant!»

LA FONTAINE

1. Dans quels pays y a-t-il beaucoup de cigales?
2. Est-il vrai que les cigales *chantent*? Avec quoi font-elles ce bruit qu'on appelle leur «chant»? Ce chant est-il varié ou monotone? Pourquoi aime-t-on le bruit des cigales?
3. D'après le poète, que mangent les cigales?
4. Que veut dire «crier famine»?
5. Quelle est la «saison nouvelle»?
6. Qu'est-ce qu'une emprunteuse?

7. Est-ce que le poète blâme la fourmi? Que pensez-vous de la fourmi?

8. Fermez votre livre, et racontez brièvement la fable de la cigale et de la fourmi.

---

### 20. EXERCICES: PREMIÈRE SÉRIE

I. Exemple: dîner;

| | |
|---|---|
| PRES. il dîne. | IMPERF. il dînait. |
| P. HIST. il dîna. | FUT. il dînera. |

Give the same parts of:

| | | | |
|---|---|---|---|
| bouger | protéger | faire | vouloir |
| placer | établir | s'en aller | savoir |
| jeter | répandre | dire | retenir |
| amener | avoir | écrire | voir |
| envoyer | être | boire | promettre |
| effrayer | souffrir | pouvoir | |

II. (Pp. 191–92, §§ 59–64) Traduisez:

1. The sons have never gone back there. 2. The manager has never dismissed anyone. 3. Neither the guard nor the porters had noticed it. 4. We can do that without any difficulty. 5. I have nothing left (use *rester*). 6. You will never see them any more. 7. These people had never asked for anything. 8. She told them not to play by the river. 9. I intend to do nothing to-day. 10. He taught his children never to lie. 11. The doctor went out without saying anything. 12. He says the funniest things without ever smiling. 13. They are things without any importance. 14. Has Paul answered your letter?—Not yet. Marie hasn't written to me either.

III. Exemple:

Il lut la lettre, il la remit dans l'enveloppe.

{ Après avoir lu la lettre, il la remit dans l'enveloppe.
{ Ayant lu la lettre, il la remit dans l'enveloppe.

1. Il prit quelques poissons, il rentra chez lui. 2. Je coupai du bois, j'allumai du feu. 3. Ils embrassèrent leur bonne tante, ils montèrent dans le train. 4. Il travailla longtemps, il dut se reposer. 5. Elle descendit, elle dut remonter chercher sa clef. 6. Il tomba à l'eau, il n'y alla plus. 7. Je m'excusai, je sortis du salon. 8. Ils se rendirent, ils furent emmenés par des soldats.

IV. (P. 177, §29) Mettez le verbe au parfait:

1. La veuve entra dans l'église. 2. Ces jeunes gens partent pour Grenoble. 3. Nous passons souvent devant cet édifice. 4. Les fugitifs se dirigent vers la frontière. 5. La fillette se tourne vers moi, les yeux pleins de larmes. 6. Nous assistons à la première représentation.

V. Traduisez:

"What is the matter?" asked the constable, "what is going on here?"

The good woman who was selling fruit and vegetables said, "This man has just[1] stolen one of my bananas. When it began[2] to rain he opened[2] his umbrella and the banana fell out of it[3]."

The constable turned to the old gentleman and said to him, "Come, sir, will[4] you explain what[5] happened?"

"Constable[6]," replied the old gentleman, "it is[7] true that a banana fell out of my umbrella when I opened it, but it was[8] not I who put it there.[9] I assure you that I am perfectly honest, I am a[10] professor at the college."

At that moment a lady came forward and said, "Excuse me, constable,[6] I[11] saw what happened. It was a young boy who stole the banana, but he knew that I had seen him, so he dropped the banana into this gentleman's umbrella and ran away."

1. § 11 (*b*). 2. Perfect tense in conversation. 3. "of it"= *en*. 4. *vouloir*. 5. § 54. 6. *Monsieur l'agent*. 7. *il est* or *c'est*? § 52. 8. *ce n'est pas*. 9. Order of pronouns? § 44. 10. § 30. 11. Emphasize by using a disjunctive pronoun; § 49(*d*).

## 20. EXERCICES: DEUXIÈME SÉRIE

I. Répondez:

1. Dépuis combien de temps fréquentez-vous ce collège? 2. Vous apprenez le français depuis combien de temps? 3. Depuis quand faites-vous partie de cette classe? 5. Y a-t-il longtemps que vos parents habitent leur maison? 6. Savez-vous nager? Si oui, depuis quand savez-vous nager?

II. Décrivez les habits que vous portez en ce moment. Comment s'habille-t-on:

1° Quand il fait très froid?

2° Quand il fait très chaud?

3° Pour faire du sport (jouer au tennis, au football, etc.)?

4° Pour aller au théâtre ou dans une soirée?

III. Dites ce que vous feriez dans les situations suivantes:

1° L'incendie se déclare dans le collège.

2° Un taureau attaque un fermier.

3° Un lion, échappé d'une ménagerie, entre dans le collège.

4° Un voleur brise la fenêtre d'une bijouterie pour voler de la marchandise.

IV. Comparaison entre une ville au XVI$^e$ siècle et une ville au XX$^e$ siècle.

V. *Scène I$^{ère}$* : Une prairie. Deux jeunes garçons (ou deux jeunes filles) cueillent des champignons. Arrive le fermier, très en colère, qui leur dit de s'en aller. A cet instant la fermière arrive. Elle dit à son mari que les enfants ne font pas de mal et le prie de ne pas les chasser. Les enfants continuent à cueillir des champignons.

*Scène II* : Les enfants arrivent chez eux (elles) avec leur panier tout plein de champignons. Ils (elles) racontent à leur mère ce qui s'est passé dans la prairie.

*MARSEILLE. Au fond, l'Église de Notre-Dame-de-la-Garde*

143

## CHAPITRE XXI

### UNE NUIT TERRIBLE

Nous entrâmes dans la maison du garde-chasse. Ce fut un tableau inoubliable.

Un vieillard aux cheveux blancs, à l'œil fou, le fusil chargé dans la main, nous attendait debout au milieu de la cuisine, tandis que ses deux fils, armés de haches, gardaient la porte. Je distinguai dans les coins sombres deux femmes à genoux, le visage caché contre le mur.

Le vieux déposa son fusil et dit aux femmes de préparer ma chambre; puis, comme elles ne bougeaient point, il me dit brusquement:

«Voyez-vous, monsieur, j'ai tué un homme, il y a deux ans, cette nuit. L'an dernier, il est revenu m'appeler. Je l'attends encore ce soir. Aussi, nous ne sommes pas tranquilles.»

Près du feu, un vieux chien, presque aveugle, dormait le nez dans ses pattes.

Au dehors la tempête battait la maison, et par une petite fenêtre placée près de la porte, je voyais soudain à la lueur de grands éclairs, les arbres de la forêt agités par le vent.

Je sentais qu'une terreur profonde tenait ces gens. Je les rassurai comme je pus, je leur racontai des histoires, mais chaque fois que je cessais de parler, le silence retomba, et toutes les oreilles écoutaient au loin.

J'allais demander à me coucher, quand tout à coup le vieillard fit un bond de sa chaise, saisit son fusil, en s'écriant:

«Le voilà! le voilà! Je l'entends!»

Les deux femmes retombèrent à genoux dans leurs coins en se cachant le visage; et les fils reprirent leurs haches.

Soudain, le vieux chien endormi s'éveilla et, levant la tête, regardant vers le feu de son œil presque mort, il se mit à hurler vers quelque chose d'invisible, d'inconnu, d'affreux sans doute, car tout son poil se dressait.

Le vieux cria:

«Il le sent! il le sent! il était là quand j'ai tué cet homme!»

Et les deux femmes, folles de peur, se mirent à hurler avec le chien.

Nous restions immobiles, livides, le cœur battant, dans l'attente d'un événement affreux.

Puis le chien se dressa sur ses pattes et se mit à tourner autour de la salle, en sentant les murs. Cette bête nous rendait fous. D'un geste violent, mon compagnon se leva, se précipita sur l'animal et, ouvrant une porte donnant sur une petite cour, il le jeta dehors.

Au bout de deux ou trois minutes, nous entendîmes quelque chose qui se glissait contre le mur; cela passa contre la porte, qu'il sembla tâter d'une main hésitante. Puis tout à coup une tête apparut contre la fenêtre placée à côté de la porte, une tête blanche avec des yeux lumineux. Et un son plaintif sortit de sa bouche.

Un bruit formidable éclata. Le vieillard avait tiré. Des fragments de verre tombèrent, la tête disparut.

Nous restâmes là, prêts à mourir de peur, incapables de bouger.

Enfin, après un temps interminable, il commença à faire jour. J'allai ouvrir la porte. Au pied du mur, le vieux chien était étendu, la tête brisée d'une balle.

D'après GUY DE MAUPASSANT

1. Décrivez la situation de la maison du garde-chasse.
2. Quel temps faisait-il le soir où les chasseurs y arrivèrent?
3. Quelles personnes composaient le ménage?
4. Qu'est-ce qui s'était passé deux ans auparavant?
5. De quoi ces gens avaient-ils peur?
6. A quoi sert une hache?
7. Comment était le chien du garde-chasse?
8. Racontez ce qui se passe, à partir du moment où le chien se lève et commence à hurler.

---

## SAGESSE

Le ciel est, par-dessus le toit
    Si bleu, si calme!
Un arbre, par-dessus le toit
    Berce sa palme.

La cloche dans le ciel qu'on voit
    Doucement tinte.
Un oiseau, sur l'arbre qu'on voit
    Chante sa plainte.

Mon Dieu, mon Dieu, la vie est là,
    Simple et tranquille.
Cette paisible rumeur-là
    Vient de la ville.

PAUL VERLAINE, *Sagesse*
(Messein)

1. Où est le poète, au moment où il écrit ces vers?
2. Que voit-il? Qu'est-ce qu'il entend?
3. En quelle saison est-on?
4. Qu'est-ce que le poète désire le plus?

*LA BRETAGNE.* Départ pour la pêche

### 21. EXERCICES: PREMIÈRE SÉRIE

**I.** Exemple: il ajoute.

> IMPERFECT: il ajoutait.
> P. HISTORIC: il ajouta.
> FUTURE:  il ajoutera.

Likewise change the following into the Imperfect, the Past Historic and the Future:

je surprends; ils ne croient pas; elle disparaît; ne souris-tu pas? lisez-vous? nous ne mentons pas; pleut-il? ils accourent; nous ne suivons pas; il doit; je ne conçois pas; elles accueillent; est-ce que je ne plais pas? combattez-vous? ils s'enfuient; elle n'interrompt pas; ne vaut-il pas? il faut; nous rejoignons; ne construisez-vous pas? elle vit.

**II.** Traduisez:

1. We sat down[1] to listen to the music. 2. An old woman was sitting[1] before the door. 3. The postman had just[2] arrived. 4. We had been playing[2] for about a quarter of an hour. 5. As soon as Father comes[3] home we will have dinner. 6. When I have fed[3] the horses I will come with you. 7. He said that when he had registered[3] the luggage he would come back here. 8. I wonder if he will do[4] it. 9. She wanted to know if the train would stop[4] at Orléans. 10. You must have[5] passed him in the street. 11. I ought[5] to visit them. 12. He ought to have[5] started sooner. 13. We wish we could[6] help you. 14. I should like to have[6] stayed longer. 15. May[7] I see what you have written? 16. You could[7] go there later, couldn't you? 17. At least I could[7] have tried.

1. P. 167, §10.  2. P. 167, §11.  3. P. 169, §14.  4. P. 169, §15. 5. P. 174, §24.  6. P. 175, §26.  7. P. 176, §27.

III. Remplacez les mots en italique par des pronoms:

1. Ma montre est en argent, *sa montre*[1] est en or.
2. Vos trains marchent plus vite que *nos trains.*[1]
3. *Chaque café*[2] a ses clients. 4. *Chaque voiture*[2] a son numéro. 5. Il y a *quelques châteaux*[3] qui sont intéressants. 6. Nous avons *quelques églises*[3] qui datent du onzième siècle. 7. Voici *le canif*[4] de Paul. 8. *Mes lèvres* sont moins épaisses que *les lèvres*[4] de Marie. 9. C'est *le clocher*[4] qu'on voit là-bas. 10. Où est *l'aiguille*[4] que j'avais tout à l'heure? 11. *Ce manteau-ci*[5] est plus long que *ce manteau-là.* 12. Donnez-moi *ces chaussettes-là.*[5] 13. Ouvrez le tiroir.—*Quel tiroir?*[6] 14. Va chercher des assiettes.—*Quelles assiettes?*[6]

1. P. 187, §50.　2. P. 190, §57.　3. P. 190, §58.　4. P. 189, §55.
5. P. 190, §56.　6. P. 186, §48.

IV. Exemple: elle fait; elle a fait
　　　　　　 elle avait fait
　　　　　　 elle aurait fait

Give the same compound forms of:

je découvre; elle ne descend pas; nous ne nous trompons pas; se souvient-elle? ne lisez-vous pas? ils reviennent; vous n'êtes pas; ils se noient; n'ai-je pas? ils s'endorment; nous ne sortons pas; nous permettons; elle se plaint; servent-ils? nous nous échappons; ils rentrent.

V. Traduisez:

I was coming down the Boulevard Saint-Michel when suddenly I saw my old friend Rouchon. He recognized me at the same time. We shook hands and chatted for a few minutes. He told me he was going to be[1] a[2] chemist.

"And you[3] are going to be[1] a[2] teacher, aren't you?"
he said. "Well, that is much more interesting.
Obviously it is[4] much more pleasant to[5] read good
books than to sell pills."

Afterwards I met several other students I had
known at Clermont. At twelve o'clock I went to have
lunch in a little restaurant frequented by students.
There were young men and girls of all nationalities;
some[6] were speaking French, others were speaking
their own language. After the meal each[7] did his own
totalling-up. I wrote my bill and gave it to the waiter.
He examined it for a moment, then he said, "Ah, sir,
you have forgotten the grapes . . . and the coffee!"

1. Use *se faire*, "to become". 2. Article omitted in French. 3. Emphasize by using a disjunctive pronoun; § 49(*d*). 4. *il est* or *c'est*? § 52. 5. *de*. 6. "Some" is a pronoun here; § 58. 7. "Each" is a pronoun here; § 57.

## 21. EXERCICES: DEUXIÈME SÉRIE

I. (P. 197, §71) Répondez:

1. Quel temps a-t-il fait la semaine dernière?
2. Qu'est-ce que vous comptez faire samedi prochain?
3. Que faites-vous le matin? Qu'est-ce que vous faites
généralement le soir? 4. Est-ce que vous déjeunez
toujours à la même heure? 5. Combien d'heures
travaillez-vous par jour? 6. Où habitiez-vous il y a
trois ans? 7. Quelles étaient vos impressions le jour
où vous êtes venu(e) à ce collège pour la première fois?
8. Combien de fois par semaine prenez-vous un bain
chaud? 9. Où serez-vous dans deux heures? 10. Est-il
possible de déjeuner en dix minutes? 11. Tâchez de
vous rappeler quand vous avez passé une journée
extrêmement agréable.

II. Quelles sont les choses qu'on prête volontiers, et celles qu'on n'aime pas à prêter?

III. Scène à jouer:

Une gare. Une jeune fille cherche son billet qu'elle croit avoir perdu. Elle n'a plus d'argent. Arrive un jeune homme très poli qui lui offre de lui prêter de l'argent pour acheter un autre billet. Mais la jeune fille finit par trouver le billet dans son sac à main. Remerciements.

IV. Qu'y a-t-il autour de vous quand vous êtes

1º au milieu d'un bois?
2º en pleine mer?
3º dans un désert?
4º au milieu d'une foule?

Comment traverse-t-on la mer? un grand pays? une grande ville? un fleuve ou une rivière? un ruisseau?

V. Sujet: Les aventures de Robinson Crusoé.

faire naufrage, *to be shipwrecked.*
aller à terre, *to go ashore.*
une cabane, *a hut.*
une peau de chèvre, *a goatskin.*

# CHAPITRE XXII

## CE QUI NE CHANGE PAS

Un soir d'automne, il revint seul dans le pays où il était né.

Il essaya de retrouver le pré long où il menait jadis ses bœufs et ses vaches. Il chercha le ruisseau. Le ruisseau ne coulait plus entre des bords plantés de roseaux. On l'avait détourné, canalisé et conduit jusqu'à une usine où il dépensait, à faire mouvoir les machines, toute sa vigueur autrefois inutile et chantante. Sur son lit comblé, passait une grande route, bordée de poteaux télégraphiques qui se dressaient là où les chênes avaient vécu, et de chaque côté, des maisons bordaient la route, chacune ayant son petit verger.

Il y avait une auberge au bout de ce hameau sorti, lui aussi, de la mine. Comme il avait marché tout le jour et que le soir approchait, le voyageur entra dans l'auberge, et s'assit derrière la fenêtre ouverte.

Que restait-il de ce qu'il avait connu? De toutes les images qui avaient réjoui sa jeunesse, laquelle retrouvait-il intacte? Ni l'herbe, ni les arbres, ni les champs, ni les visages, ni les eaux n'étaient demeurés fidèles. Les hommes et le temps avaient tout changé. Le voyageur sentit qu'il était étranger par chacun de ses souvenirs. Il lui vint au cœur une grande tristesse.

Mais la nuit s'était faite peu à peu, et, juste au-dessus de la route, quand il leva les yeux avant de partir, il découvrit l'étoile d'or. Il la reconnut; il lui sourit; dans le ciel, à la place accoutumée, au-dessus du monde transformé, elle luisait, pure et fidèle!

RENÉ BAZIN, *La douce France*
(De Gigord)

*LA HAUTE-SAVOIE. Les Alpes. Au fond, la Tête-à-l'Ane*

1. Qu'est-ce qu'on sait de la vie de ce voyageur?
2. Quels souvenirs de sa jeunesse le voyageur garde-t-il?
3. Quels changements remarque-t-il quand il revient dans son pays natal?
4. Le pays est-il plus beau qu'autrefois?
5. Qu'est-ce qui a été cause de tous ces changements?
6. Quelle étoile cet homme voyait-il en regardant par la fenêtre de l'auberge?
7. L'auteur dit que l'étoile était à sa *place accoutumée.* Où était-elle?
8. L'auteur nomme une chose qui ne change pas: l'étoile du soir. Qu'y a-t-il encore qui ne change point?

## L'ÉTOILE DU SOIR

Pâle étoile du soir, messagère lointaine,
Dont le front sort brillant des voiles du couchant,
De ton palais d'azur, au sein du firmament,
Que regardes-tu dans la plaine ?

Étoile, où t'en vas-tu, dans cette nuit immense ?
Cherches-tu sur la rive un lit dans les roseaux ?
Ou t'en vas-tu si belle, à l'heure du silence,
Tomber comme une perle au sein profond des eaux ?

Ah ! si tu dois mourir, bel astre, et si ta tête
Va dans la vaste mer plonger ses blonds cheveux,
Avant de nous quitter, un seul instant arrête—
Étoile de l'amour, ne descends pas des cieux !

Alfred de Musset

1. De quelle étoile s'agit-il dans ces vers ?
2. Où et quand le poète voit-il cette étoile ?
3. Comment sait-on que le soir est clair et beau ?
4. D'après le poète, que devient l'étoile quand elle disparaît de nos yeux ?
5. Pourquoi le poète aime-t-il cette étoile ?
6. Pourquoi ne veut-il pas que l'étoile disparaisse ?

## 22. EXERCICES: PREMIÈRE SÉRIE

I. (P. 92) Conjuguez:

> Il faut que j'y pense.
> Il faut que j'y réfléchisse.
> Il faut que je descende.

Exemple: savoir; il sache, nous sachions.
Give the same parts of the Present Subjunctive of:

|          (REGULAR) |              |       (IRREGULAR) |            |
| ---------- | ------------ | ---------- | ---------- |
| partir     | écrire       | être       | prendre    |
| construire | lire         | avoir      | venir      |
| s'asseoir  | mettre       | pouvoir    | voir       |
| se battre  | suivre       | s'en aller | vouloir    |
| paraître   | se taire     | faire      | apercevoir |
| courir     | se plaindre  |            |            |
| dire       | vivre        |            |            |

II. (Pp. 93 and 101) Mettez le verbe à la forme convenable:

1. Est-il nécessaire que nous (emporter) tout cela?
2. Il est possible que vous (avoir) tort. 3. Je ne veux pas que vous (lire) ces histoires stupides. 4. Nous regrettons que notre fils ne (être) pas là. 5. Mes parents sont contents que vous (pouvoir) venir avec nous. 6. C'est dommage que vous (écrire) si mal. 7. J'ai peur que vous ne (perdre) votre stylo. 8. Bien que je (partir) aujourd'hui, rien n'est encore prêt. 9. Il faut parler fort, pour qu'on vous (entendre) au fond de la salle. 10. Rentrons avant qu'il ne (pleuvoir). 11. Nous tâcherons d'entrer sans que le bonhomme nous (voir). 12. Il restera là jusqu'à ce que je lui (dire) de s'en aller. 13. Il faut attendre que le patron (revenir). 14. Nous n'irons pas en ville, à moins que vous ne (vouloir) faire des courses.

*PARIS. Le Jardin des Tuileries. Au fond, le Palais du Louvre*

III. (P. 188, §52) Remplacez le tiret par **il** ou **ce** (**c'**) :

  1. — est facile de voir ce qui va arriver. 2. — est évident que cet enfant a sommeil.  Oui, — est évident. 3. — est possible que vous ayez de la chance. Oui, — est possible. 4. — sera inutile de les chercher. Oui, — sera inutile.

IV. (P. 176, §28) Remplacez les mots en italique par des pronoms :

1. Nous achetons *du lait au fermier*. 2. Il emprunta *des livres à ses camarades*. 3. Il est évident que je ne plais pas *à ses parents*. 4. Le brave homme pensait *à son fils*. 5. Je pensais *à cette visite*. 6. Il ressemblait beaucoup *à sa mère*. 7. J'allai demander *la clef au concierge*.

V. (P. 173, §22)

Exemple : (Dire) Il vient tout de suite.
Dites-lui de venir tout de suite.

1. (Dire) Ils se taisent. 2. (Défendre) Il grimpe sur le mur. 3. (Demander) Elle écrit son adresse. 4. (Permettre) Ils choisissent ce qu'ils veulent. 5. (Empêcher) Il fait du bruit. 6. (Prier) Elle attend un instant. 7. (Apprendre) Je conduis l'auto.

VI. Traduisez :

I regret to[1] say that I once played[2] an unpleasant trick on Georges. He had a new bicycle of which he was very proud. One evening I saw him get off[3] his bicycle and go[3] into a shop. I crossed the road, took the bicycle and hid in a dark alley-way near the shop. After[4] two or three minutes Georges came out into the street. First he gazed at the place where he had left his bicycle, then he looked right and left, started to run in one direction, stopped, then started to run in the other direction. I realized that I was being cruel. I came out of the alley-way and called him. He was very glad to[5] see his bicycle. "Don't do it again,[6] please,"[7] he said. I shan't do it again.

1. to regret to (do), *regretter de (faire)*. 2. "To play an unpleasant trick on (anyone)", *jouer un vilain tour à (quelqu'un)*. 3. Infinitive. 4. *Au bout de*. 5. "glad to (do)", *content de (faire)*. 6. "Do not recommence." 7. *je t'en prie*.

157

I. *Personnages*: Mme Morisset.

Robert, son fils, âgé de 12 ans.

M. Poucet, pharmacien.

Mme Morisset, dont la fille Claire est malade, envoie son fils Robert à la pharmacie chercher une médecine. Le pharmacien se trompe et donne à l'enfant une bouteille contenant un poison dangereux. Robert parti, le pharmacien s'aperçoit de son erreur et téléphone à Mme Morisset. Peu après, Robert rentre en pleurant: en chemin il a laissé tomber la bouteille et l'a cassée!

II. Quel cadeau feriez-vous aux personnes suivantes à l'occasion de leur anniversaire?

Votre mère      Votre grand'mère

Votre père      Un frère âgé de 10 ans

Votre grand-père Une sœur âgée de 18 ans

III. Quels sont les gens qui viennent souvent chez vous? Qu'est-ce qu'ils y viennent faire?

IV. Qu'est-ce qu'on a envie de faire?

quand on est fatigué?

quand on a soif?

quand on a faim?

quand on a sommeil?

quand on a peur?

quand on a honte?

V. Que font les gens les dimanches et les jours de fête?

# INDEX TO GRAMMAR SUMMARY

Verb Tables

Verbs in **-er** showing certain peculiarities.

## GRAMMAR SUMMARY

### § 1. The Reflexive Verb.

(*a*) Example: se cacher, *to hide oneself.*

| | |
|---|---|
| PRESENT TENSE: | je me cache, etc. |
| NEGATIVE: | je ne me cache pas, etc. |
| INTERROGATIVE: | est-ce que je me cache? |
| | te caches-tu? etc. |
| INT. NEGATIVE: | est-ce que je ne me cache pas? |
| | ne te caches-tu pas? etc. |

(*b*) Note these examples:

La porte s'ouvre (se ferme). *The door opens* (*closes*).
L'auto s'arrête. *The car stops.*
Nous nous rencontrons souvent. *We often meet.*

(*c*) The Reflexive pronoun may be used with the sense of "each other" or "one another":

Nous nous aimons. *We love each other.*
Ils se regardèrent. *They looked at each other* (*one another*).

The Reflexive pronoun may also mean "to each other" or "to one another":

Nous nous écrivons souvent. *We often write to each other.*
Ils s'envoient des timbres. *They send stamps to each other* (*to one another*).

(*d*) Example of Imperative:

| | |
|---|---|
| cache-toi | ne te cache pas |
| cachez-vous | ne vous cachez pas |
| cachons-nous | ne nous cachons pas |

161

§ 2. The Perfect Tense with **avoir**.

Example: porter, *to carry*.

PERFECT TENSE: j'ai porté, etc.
NEGATIVE: je n'ai pas porté, etc.
INTERROGATIVE: ai-je porté? etc.
INT. NEGATIVE: n'ai-je pas porté? etc.

The only thing which affects the Past Participle is a preceding Direct Object:

Où sont nos amis?—Je ne les ai pas vus.

§ 3. Verbs conjugated with **être**:

| | |
|---|---|
| aller | entrer |
| venir | rentrer |
| revenir | descendre |
| devenir | monter |
| arriver | tomber |
| partir | retourner |
| sortir | naître (*e.g.* elle est née) |
| rester | mourir (*e.g.* elle est morte) |

With these verbs the Past Participle agrees with the Subject in the same way as an adjective:

elle est sortie; ils sont partis.

### § 4. The Perfect Tense of Reflexive Verbs.

Example:

je me suis caché.
je ne me suis pas caché.
me suis-je caché?
ne me suis-je pas caché?

The rule of the agreement of the Past Participle with a preceding Direct Object applies to Reflexive verbs:

Elle s'est reposée. Ils se sont cachés.

When the Reflexive pronoun is the Indirect Object, that

162

is, when its meaning is *to* (*myself*) or *for* (*myself*), there is no agreement:

> Ils se sont dit: «C'est un imbécile.»
> *They said to themselves, "He is a fool."*
>
> Nous nous sommes envoyé des journaux.
> *We have sent newspapers to each other.*
>
> Elle s'est lavé les mains.
> *She washed her hands* (lit. *the hands to herself*).

## § 5. Summary of the Past Participle rule.

(*a*) With **avoir**, the Past Participle agrees only with a preceding Direct Object:

> Les journaux? Je les ai apportés.
> Quels journaux avez-vous apportés?
> Où sont les journaux que vous avez apportés?

But no agreement with **en**:

> Avez-vous apporté des journaux?—Oui, j'en ai apporté.

(*b*) In the case of the few verbs (aller, venir, etc.) conjugated with **être**, the Past Participle agrees with the Subject in the same way as an adjective:

> Elle est partie. Ils sont sortis.

(*c*) With Reflexive verbs the Past Participle agrees if the Reflexive pronoun is the Direct Object, but not if it is the Indirect Object (*to myself* or *for myself*, etc.):

> Agreement: Elle s'est levée.
> Ils se sont baignés.

No agreement:

> Ils se sont écrit (se = *to each other*).
> Elle s'est lavé les mains (se = *to herself*).

## § 6. The Past Historic.

### Form.

With the exception of *je vins* (I came) and *je tins* (I held), the Past Historic is always one of three types: *-ai, -is, -us.*

Examples:

| | | |
|---|---|---|
| je donnai | je vendis | je courus |
| tu donnas | tu vendis | tu courus |
| il donna | il vendit | il courut |
| nous donnâmes | nous vendîmes | nous courûmes |
| vous donnâtes | vous vendîtes | vous courûtes |
| ils donnèrent | ils vendirent | ils coururent |

### Use.

The Past Historic is used for past events and usually corresponds to the simple past tense in English:

> *He went.* Il alla.
> *She wrote.* Elle écrivit.
> *They arrived.* Ils arrivèrent.

But it must be remembered that the French do not use this form in conversation, they use the Perfect (j'ai écrit, je suis allé, etc.).

## § 7. The Imperfect Tense.

### Form.

With the exception of *être* (*j'étais*), one can always tell the form of the Imperfect from the First Person Plural of the Present:

| | |
|---|---|
| nous finissons | je finissais |
| nous prenons | je prenais |

The endings are the same for all verbs:

| | |
|---|---|
| je prenais | nous prenions |
| tu prenais | vous preniez |
| il prenait | ils prenaient |

**Use.**

The Imperfect is used for actions or states continuing in the past. It corresponds to the English forms "I was (doing)", "I used to (do)", or "I would (do)" in the sense of "I used to (do)".

*I was reading a book.* Je lisais un livre.
*We used to go there every day.* Nous y allions tous les jours.
*After lunch he would take a stroll.* Après déjeuner, il faisait un tour.

When the English simple past has the underlying sense of "used to (do)", it is translated by the French Imperfect:

*Every morning he caught the 8 o'clock train.*
Tous les matins il prenait le train de 8 heures.

The Imperfect is used in description in past time, since description tells how things *were being* or *used to be*:

Sa fille était très intelligente.
Ma chambre donnait sur la cour.
Notre maison se trouvait près de la gare.

## § 8. Types of Narrative in Past Time.

(*a*) Conversational style (a person talking or writing a letter):
Perfect for events.
Imperfect for description.

Example:

«Cet après-midi, comme il faisait beau, je suis allé au jardin public. Je me suis assis sur un banc et j'ai regardé les passants. Il y avait des mères avec leurs enfants, des jeunes gens qui causaient joyeusement entre eux. J'y suis resté une demi-heure, puis je me suis levé et j'ai continué ma promenade. Je suis rentré chez moi à cinq heures.»

(*b*) Regular book-style:
Past Historic for events.
Imperfect for description.

Example:

Cet après-midi-là, comme il faisait beau, M. Berget alla au jardin public. Il s'assit sur un banc et il regarda les passants. Il y avait des mères avec leurs enfants, des jeunes gens qui causaient joyeusement entre eux. Il y resta une demi-heure, puis il se leva et continua sa promenade. Il rentra chez lui à cinq heures.

(c) Book-style narrative into which conversation is introduced:

> Past Historic for events in the general narrative.
> Imperfect for description.
> Perfect for events in quoted speech.

Example:

Il faisait froid; il neigeait. Paul arriva chez lui à six heures. Il ôta son chapeau et son pardessus et entra dans la salle à manger, où sa mère était en train d'écrire des lettres.

«Ah, dit-elle, tu n'as pas vu Roger? Il est venu à trois heures, mais comme il était pressé, il n'est pas resté longtemps.

—A quelle heure est-il parti? demanda Paul.

—Il est parti vers quatre heures,» répondit sa mère.

Paul sortit de la salle à manger et monta dans sa chambre.

§ 9. (a) **The Pluperfect Tense.**

*Avoir* verbs: j'avais porté, etc. *I had carried*, etc.
*Être* verbs: j'étais allé, etc. *I had gone*, etc.
Reflexive: je m'étais levé, etc. *I had risen*, etc.

(b) **The Past Anterior Tense.**

The ordinary way of saying "I had (done)" is *j'avais* (*fait*), but there is a special circumstance in which "I had (done)" is *j'eus* (*fait*), and that is when in a regular narrative in the Past Historic, one action immediately precedes another. ("When he had done this, he did that.")

Examples:

Quand il eut vendu la marchandise, il **rentra** chez lui.
Lorsqu'ils eurent fini de manger, ils se levèrent et
  sortirent.

*Être* verbs make up this tense with *je fus* . . ., and
Reflexive verbs with *je me fus* . . .:

Quand les voleurs furent partis, Ali-Baba descendit
de l'arbre.

Quand ils se furent reposés quelque temps, ils continuèrent leur chemin.

## § 10. S'asseoir and être assis.

S'asseoir = *to seat oneself, to sit down* (the act).
être assis = *to be sitting* (the state).

### S'asseoir

PRESENT: je m'assieds, *I sit down.*
PERFECT: je me suis assis, *I (have) sat down.*
PAST HIST.: je m'assis, *I sat down.*
IMPERFECT: je m'asseyais, *I used to sit (down).*

### Être assis

PRESENT: je suis assis, *I am sitting.*
IMPERFECT: j'étais assis, *I was sitting.*

## § 11. (*a*) Special construction with **depuis** (*since*).

Depuis quand (combien de temps) apprenez-vous le
  français?
*How long have you been learning French?*

Je l'apprends depuis trois ans.
*I have been learning it for three years.*

N.B.—A similar construction is used with **il y a:**
Il y a combien de temps que vous êtes là?

167

**Depuis** with the Imperfect:

Depuis quand (combien de temps) jouaient-ils?
*How long had they been playing?*

Ils jouaient depuis une demi-heure.
*They had been playing for half an hour.*

(*b*) **Venir de** (**faire**), *to have just* (*done*).
Il vient de sortir. *He has just gone out.*
Il venait de sortir. *He had just gone out.*

## § 12. Future Tense; Conditional Tense.

FUTURE: je porterai, *I shall carry.*
je vendrai, *I shall sell.*
Endings: **-ai, -as, -a, -ons, -ez, -ont.**

CONDITIONAL: je porterais, *I should* (*would*) *carry.*
Endings: **-ais, -ais, -ait, -ions, -iez, -aient.**

IRREGULAR FUTURES:

(The Conditional follows the form of the Future, *e.g.* je serai, *I shall be*; je serais, *I should be.*)

| | | | |
|---|---|---|---|
| être | je serai | courir | je courrai |
| avoir | j'aurai | devoir | je devrai |
| savoir | je saurai | recevoir | je recevrai |
| faire | je ferai | apercevoir | j'apercevrai |
| aller | j'irai | envoyer | j'enverrai |
| s'en aller | je m'en irai | pleuvoir | il pleuvra |
| pouvoir | je pourrai | cueillir | je cueillerai |
| vouloir | je voudrai | jeter | je jetterai |
| voir | je verrai | appeler | j'appellerai |
| venir | je viendrai | acheter | j'achèterai |
| revenir | je reviendrai | répéter | je répéterai |
| devenir | je deviendrai | employer | j'emploierai |
| tenir | je tiendrai | ennuyer | j'ennuierai |
| s'asseoir | je m'assiérai | | |

## § 13. **The Future Perfect.**

*Avoir* verbs: j'aurai fini, *I shall have finished.*
*Être* verbs: je serai sorti, *I shall have gone out.*
Reflexive: je me serai baigné, *I shall have bathed.*

### **The Conditional Perfect.**

*Avoir* verbs: j'aurais fini, *I should (would) have finished.*
*Être* verbs: je serais sorti, *I should (would) have gone out.*
Reflexive: je me serais baigné, *I should (would) have
bathed.*

## § 14. Special use of the Future in French.

The Future must be used when future time is meant.

Examples:

Quand elle reviendra, je lui donnerai votre lettre.
*When she comes back, I will give her your letter.*

Il a dit qu'il viendrait quand il serait libre.
*He said he would come when he was free.*

Quand j'aurai fini mon travail, je sortirai.
*When I have finished my work I shall go out.*

Il a dit que lorsqu'il aurait fini son travail, il sortirait.
*He said that when he had finished his work he would go out.*

## § 15. Constructions with **si** (= *if*):

1. S'il pleut, je resterai à la maison.
2. S'il pleuvait, je resterais à la maison.
3. Si la fenêtre avait été ouverte, je l'aurais fermée.
   Si j'étais parti à 7 heures, j'y serais arrivé à temps.
   Si je m'étais réveillé, je me serais levé.

**Si** may be followed by the Future or the Conditional
only in indirect questions such as "I wonder if (whether)
he will come":

Je me demande s'il viendra.
Je me demandais s'il viendrait.

## § 16. **The Passive.**

The Passive is merely *être* + the Past Participle, which agrees with the Subject in the same way as an adjective.

Examples:

| | |
|---|---|
| La maison est vendue. | *The house is sold.* |
| Elle a été vendue. | *It has been sold.* |
| Elle fut vendue. | *It was sold* (the event). |
| Elle était vendue. | *It was sold* (the state). |
| Elle sera vendue. | *It will be sold.* |
| Elle serait vendue. | *It would be sold.* |
| Elle aurait été vendue. | *It would have been sold.* |

### Avoiding the Passive.

The French often prefer to use **on**:

*The plates are taken away.* On emporte les assiettes.
*Your umbrella has been found.* On a trouvé votre parapluie.

| | |
|---|---|
| *It is known that . . .* | On sait que . . . |
| *It is said that . . .* | On dit que . . . |
| *It is thought that . . .* | On croit que . . . |

Very often the Reflexive is used instead of the Passive:

Les bonbons se vendent à l'épicerie.
*Sweets are sold at the grocer's.*

Ce village s'appelle Chantonnay.
*This village is called Chantonnay.*

Cette expression ne s'emploie pas.
*That expression is not used.*

## § 17. **The Present Participle** (portant, *carrying*, etc.).

In nearly all cases the First Person Plural of the Present indicates the form of the Present Participle:

| | | |
|---|---|---|
| dire, *to say.* | nous disons. | disant, *saying.* |
| écrire, *to write.* | nous écrivons. | écrivant, *writing.* |

170

The exceptions are:

| | |
|---|---|
| avoir | ayant, *having*. |
| être | étant, *being*. |
| savoir | sachant, *knowing*. |

Examples:

Elle était devant la maison, causant avec une voisine.
Ils sont dans la cour, jouant au football.

Agreement.

The Present Participle is invariable, except when used purely as an adjective (*e.g.* une femme charmante).

§ 18. **En faisant** means *while* (*in, on,* or *by*) *doing* . . .

En ouvrant les yeux, je vis un homme devant moi.
*On opening my eyes I saw a man before me.*

En se promenant au parc, elle rencontra une amie.
*While walking in the park she met a friend.*

En faisant tant de bruit, vous avez ennuyé nos voisins.
*By making so much noise you have annoyed our neighbours.*

§ 19. Verbs followed by the Infinitive without preposition.

Example: Vous pouvez sortir.

| | |
|---|---|
| pouvoir, *to be able*. | il vaut mieux, *it is better*. |
| savoir, *to know* (*how*). | espérer, *to hope*. |
| vouloir, *to wish*. | laisser, *to let*. |
| devoir, *to have to*. | oser, *to dare*. |
| il faut, *it is necessary*. | sembler, *to seem*. |
| désirer, *to desire*. | paraître, *to appear*. |
| aimer mieux, *to prefer*. | compter, *to reckon, to expect*. |
| préférer, *to prefer*. | faire, *to make*. |

171

entendre, *to hear.*  
voir, *to see.*  
aller, *to go.*  
venir, *to come.*  

courir, *to run.*  
descendre, *to go (come) down.*  
monter, *to go (come) up.*  
retourner, *to return, to go back.*  

NOTE.—"To go and do" is expressed by *aller* +infinitive:

Allez voir qui est dans la cour.

The same applies to the other verbs of motion:

Venez voir, *come and see.*  
Il courut chercher son fusil. *He ran to get (and got) his gun.*

§ 20. Verbs and other words linked to the Infinitive by **de.**

Example: J'ai décidé de partir.

décider, *to decide.*  
oublier, *to forget.*  
refuser, *to refuse.*  
regretter, *to regret.*  
prier, *to beg, to ask.*  
empêcher, *to prevent.*  
finir, *to finish.*  
s'arrêter, *to stop.*  
cesser, *to cease.*  
offrir, *to offer.*  
promettre, *to promise.*  
proposer, *to propose.*  

avoir besoin, *to need.*  
avoir peur, *to be afraid.*  
craindre, *to fear.*  
essayer, *to try.*  
tâcher, *to try.*  
tenter, *to attempt.*  
s'étonner, *to be surprised.*  
se dépêcher, *to hasten.*  
se contenter, *to content oneself.*  
menacer, *to threaten.*  
mériter, *to deserve.*  

content, *pleased, glad.*  
heureux, *happy.*  
obligé, *obliged.*  
charmé, *charmed.*  

enchanté, *delighted.*  
certain, *certain.*  
la permission, *permission.*  

172

§ 21. Verbs and other words linked to the Infinitive by **à**.

Example: Il m'invita à entrer.

| | |
|---|---|
| commencer, *to begin.* | inviter, *to invite.* |
| se mettre, *to start.* | consentir, *to consent.* |
| se préparer, *to prepare.* | chercher, *to seek, to strive.* |
| s'apprêter, *to get ready.* | réussir, *to succeed.* |
| apprendre, *to learn, to teach.* | hésiter, *to hesitate.* |
| aider, *to help.* | s'attendre, *to expect.* |
| encourager, *to encourage.* | tarder, *to linger, to be long.* |

| | |
|---|---|
| prêt, *ready.* | beaucoup, *much.* |
| premier, *first.* | rien, *nothing.* |
| dernier, *last.* | |

§ 22. (*a*) The construction used with **dire**.

"To tell anyone to (do) . . ." is "dire à quelqu'un de (faire) . . ."
Je lui dirai d'attendre. *I will tell him to wait.*

The same construction is used with:

| | |
|---|---|
| demander, *to ask* | défendre, *to forbid* |
| permettre, *to permit* | conseiller, *to advise* |

Examples:

Elle demanda à la bonne de lui apporter un manteau.
Nous permettons aux élèves de sortir.
Il leur défend de courir.
Je lui ai conseillé de payer.

(*b*) Note these constructions with **empêcher** (*to prevent*), **prier** (*to beg* or *to ask*), **apprendre** (*to teach*):

Nous les empêcherons de sortir.
Je les ai priés d'attendre.
Il leur apprend à nager.

**173**

## § 23. Other Prepositions used with the Infinitive.

**Pour,** *in order to.* Il s'arrêta pour parler aux enfants.

N.B.—**Pour** must be used after **trop** (*too*) and **assez** (*enough*):

> Est-il assez fort pour le porter ?
> Il est trop stupide pour comprendre cela.

**Avant de,** *before.* Je vous verrai avant de partir.

**Sans,** *without.* Entrez sans frapper.

**Au lieu de,** *instead of.* Au lieu de sortir, il alla se coucher.

**Par** + the infinitive (= *by doing*) is used only after **commencer** and **finir**:

> Il commença par faire des excuses.
> Ils finirent par accepter.

### Après.

"After (doing)" must always be translated as "after having (done)":

> After reading . . . Après avoir lu . . .

## § 24. **Devoir** + infinitive = *to have to . . .*

| | |
|---|---|
| Je dois (faire). | *I must (do), I have to (do).* |
| J'ai dû (faire). | $\begin{cases} \textit{I have had to (do).} \\ \textit{I must have (done).} \end{cases}$ |
| Je devais (faire). | $\begin{cases} \textit{I had to (do).} \\ \textit{I was to (do).} \end{cases}$ |
| Je dus (faire). | *I had to (do).* |

Je devrais (faire) = *I ought to (do):*

> Je devrais leur écrire. *I ought to write to them.*

J'aurais dû (faire) = *I ought to have (done):*

> Vous auriez dû leur écrire. *You ought to have written to them.*

174

§ 25. **Il faut** (**faire**), *it is necessary* (*to do*).

> IMPERFECT : il fallait, *it was necessary.*
> FUTURE : il faudra, *it will be necessary.*
> CONDITIONAL : il faudrait, *it would be necessary.*

This expression often translates "must":

> Allons, mes enfants, il faut rentrer. *Come, children, you* (or *we*) *must go home.*

When we need to make clear which person is meant, a pronoun is put in (*e.g.* **me**, *to* or *for me*; **leur**, *to* or *for them*):

> Il me faut partir. $\begin{cases} \textit{It is necessary for me to leave.} \\ \textit{I must leave.} \end{cases}$

§ 26. **Vouloir**, *to wish* or *to want*.

**Vouloir** translates "will" or "would" when they express willingness rather than future time:

> Voulez-vous venir ? *Will you come?*
>
> Il ne veut pas entrer. *He will not* (=*is unwilling to*) *come in.*
>
> Elle ne voulait pas sortir. *She would not* (=*was unwilling to*) *come out.*

These two examples are important:

> Je voudrais savoir. $\begin{cases} \textit{I should like to know.} \\ \textit{I wish I knew.} \end{cases}$
>
> J'aurais voulu rester. $\begin{cases} \textit{I should have liked to stay.} \\ \textit{I should like to have stayed.} \end{cases}$

N.B.—**Vouloir** is used in an important idiom:

> Je lui en veux. *I have a grudge against him.*
>
> Il m'en veut. $\begin{cases} \textit{He has a grudge against me.} \\ \textit{He bears me ill-will.} \\ \textit{He is against me.} \end{cases}$

175

## § 27. **Pouvoir**.

PRESENT: Je ne peux pas le faire. *I cannot do it.*

Remember **puis-je** ? (*may I?*): Puis-je voir ces papiers ?

In English "could" may mean either "was able" or "would be able". One must be careful to use the right form in French:

Il a dit qu'il pourrait venir demain.
*He said he could* (or *might*) *come to-morrow.*

Nous ne pouvions pas sortir.
*We could not get out.*

This is an important example:
Il aurait pu rester.
*He could have* (or *might have*) *stayed.*

N.B.—Remember that when "can" means "know(s) how to", we must use **savoir**:

Savez-vous danser ?
Je sais conduire une auto.


## § 28. Verbs which take **à** with the person.

**Demander**, *to ask* (*for*). Je demandai la clef au concierge.

**Acheter**, *to buy*. J'achète mon beurre à Mme Puchet (*from Mme Puchet*).

**Emprunter**, *to borrow*. Il emprunta de l'argent à son frère (*from his brother*).

**Plaire**, *to please*. Elle ne plaît pas à mes parents.
Elle ne leur plaît pas.

**Penser**, *to think*. Il pensait à son fils. Il pensait à lui.
Je pense à mon travail. J'y pense.

**Ressembler**, *to resemble, to be like:*
Elle ressemble à sa mère.

§ 29. Other useful constructions.

**Entrer dans.** Il entra dans l'église.
**Partir pour,** *to start for.* Ils partiront demain pour Lyon.
**Passer devant.** Je passe devant leur maison.

**Se diriger vers,** *to go towards, to make for*:
    Il se dirigea vers la gare.

**Se tourner vers,** *to turn to.* Elle se tourna vers moi.
**Assister à,** *to be present at.* Nous avons assisté au concert.

§ 30. The Definite Article must be used in cases like these:
    le petit Paul, *little Paul*; la pauvre Marie, *poor Mary;*
    le docteur Dupré, *Dr. Dupré*; le capitaine Bellac, *Captain Bellac.*

Note how we state a person's occupation:
Je suis professeur. *I am a teacher.*
Mon père est médecin. *My father is a doctor.*

Instead of "Il est médecin", we may say "C'est un médecin", but it is *not* correct to say "Il est un médecin".

§ 31. The Partitive Article (**du, de la, de l'** or **des**) may not be omitted:

*I have money.* J'ai de l'argent.
*They are eating apples.* Ils mangent des pommes.

The forms **du, de la, de l', des** are all reduced to **de**:

(1) After a negative:
    Je n'ai pas de papier.
    Je n'ai plus d'enveloppes.

  **Pas de** also expresses *not a*:
    Il n'a pas de crayon.

(2) When an adjective precedes the noun:
    de jolies fleurs; de grandes places.

177

## § 32. Expressions of Quantity.

| | |
|---|---|
| beaucoup (de), *much, many* | autant (de), *as much, as many* |
| trop (de), *too much, too many* | plus (de), *more* |
| assez (de), *enough* | moins (de), *less, fewer* |
| combien (de), *how much, how many* | un peu (de), *a little* |
| tant (de), *so much, so many* | peu (de), *little, few* |

Examples:

> trop de travail, *too much work*
> assez de verres, *enough glasses*

N.B.—"More than", speaking of any quantity, is *plus de*:
plus de trois semaines; plus de dix kilomètres.

"Some more" (*e.g.* "Some more bread, please") is expressed thus:

Encore du pain, s'il vous plaît.

**La plupart** = *most*:
La plupart des élèves travaillent bien.
**La moitié** = *half*:
Tu as mangé la moitié du gâteau.


## § 33. Constructions used with names of parts of the body.

(*a*) Movement of a part of one's person: definite article alone required:

> Elle leva les yeux.
> Il tourna la tête.

(*b*) Action done to a part of one's own person: reflexive pronoun used to show the possessor:

> Je me brosse les dents. *I brush my teeth.*
> Ils se lavent les mains. *They wash their hands.*

Action done to another person: dative pronoun (lui, leur) used to show the possessor:

> Je lui pris la main. *I took his (her) hand.*
> Il leur sauva la vie. *He saved their lives.*

178

(c) One generally uses the definite article when describing personal traits:

Il a les yeux bleus. *He has blue eyes.*
Tu as les doigts très longs. *You have very long fingers.*

Note too this type of sentence:

Il pleurait, la tête dans ses mains.
*He was weeping with his head in his hands.*

N.B.—Do not assume that the possessive (mon, son, etc.) may *never* be used with these nouns. The possessive is used for instance when these nouns stand as Subject:

Mon pied me fait mal. *My foot hurts me.*
Ses yeux étaient fermés. *His eyes were closed.*

§ 34. Plural of Nouns and Adjectives.

Those ending in **-s**, **-x**, **-z** remain unchanged:
le fils, les fils; la voix, les voix; le gros nez, les gros nez.

Sing. **-eau**, plur. **-eaux**.
le beau tableau, les beaux tableaux.

Sing. **-al**, plur. **-aux**:
le principal journal, les principaux journaux.

Sing. **-eu**, plur. **-eux**: le feu, les feux.
Exception: bleu, *pl.* bleus.

Sing. **-ou**, plur. **-ous**: le trou, les trous.

Exceptions:

| | |
|---|---|
| le caillou, *pebble* | les cailloux |
| le bijou, *jewel* | les bijoux |
| le genou, *knee* | les genoux |
| le chou, *cabbage* | les choux |
| le hibou, *owl* | les hiboux |

179

Irregular:

| | |
|---|---|
| l'œil, *eye* | les yeux |
| le ciel, *sky* | les cieux |
| le travail, *work* | les travaux |
| le vitrail, *church window* | les vitraux |
| la pomme de terre, *potato* | les pommes de terre |
| le timbre-poste, *postage stamp* | les timbres-poste |
| le petit-fils, *grandson* | les petits-fils |
| la petite-fille, *granddaughter* | les petites-filles |
| monsieur | messieurs |
| madame | mesdames |
| mademoiselle | mesdemoiselles |

## § 35. **Bel, nouvel, vieil.**

These forms are used before a masculine singular noun beginning with a vowel sound:

| | |
|---|---|
| le bel homme | les beaux hommes |
| son nouvel ami | ses nouveaux amis |
| un vieil arbre | de vieux arbres |

## § 36. The Feminine of Adjectives.

| Types. | | |
|---|---|---|
| **-er, -ère** | cher, chère | |
| **-eux, -euse** | heureux, heureuse | |
| **-f, -ve** | neuf, neuve | |
| **-en, -enne** | ancien, ancienne | |
| **-el, -elle** | cruel, cruelle | |

Irregular:

| | | | |
|---|---|---|---|
| beau, *beautiful* | belle | frais, *fresh* | fraîche |
| nouveau, *new* | nouvelle | public, *public* | publique |
| vieux, *old* | vieille | favori, *favourite* | favorite |
| fou, *mad* | folle | gentil, *nice* | gentille |
| bon, *good* | bonne | gros, *big* | grosse |
| long, *long* | longue | bas, *low* | basse |
| blanc, *white* | blanche | épais, *thick* | épaisse |
| doux, *sweet* | douce | faux, *false* | fausse |
| sec, *dry* | sèche | | |

180

N.B.—**Demi** (*half*) when joined to another word is invariable:

> une demi-heure
> une heure et demie

## § 37. Feminine of Nouns.

Many feminine nouns are formed from masculine nouns in the same way as feminine adjectives are formed from masculine:

| | |
|---|---|
| le marchand | la marchande |
| le fermier | la fermière |
| le Parisien | la Parisienne |
| le paysan | la paysanne |

## § 38. The Place of Adjectives.

The normal place of the adjective is after the noun, but the following usually precede:

| | | |
|---|---|---|
| grand | beau | haut |
| petit | vilain (*ugly*) | long |
| jeune | bon | large |
| vieux | mauvais | excellent |
| joli | gros | |

N.B.—**Propre** before the noun means "own"; after the noun it means "clean":

> mes propres mains, *my own hands.*
> des mains propres, *clean hands.*

**Ancien** before the noun means "former"; after the noun it means "ancient":

> un ancien élève, *a former* (*old* or *ex-*) *pupil.*
> une maison ancienne, *an ancient* (*old*) *house.*

## § 39. **Tel** (f. **telle**), *such*:

> un tel enfant, *such a child.*
> de tels enfants, *such children.*

181

But "such" used with another adjective (*e.g.* such a pretty child) is said differently:

> un si joli enfant, *such a pretty child.*
> une si belle église, *such a fine church.*

## Assez (*enough*).

> L'eau n'est pas assez chaude. *The water is not warm enough.*

## § 40. Comparison of Adjectives.

> Vous êtes plus grand que moi (*taller than*).
> Vous êtes aussi grand que moi (*as tall as*).
> Vous êtes moins grand que moi (*less tall than*).
> Vous n'êtes pas si grand que moi (*not so tall as*).

*Better* = meilleur(e):

> un meilleur hôtel; de meilleures conditions.

## De plus en plus + adjective:

> De plus en plus paresseux. *Lazier and lazier.*
> La situation devient de plus en plus grave.

## § 41. The Superlative of Adjectives.

Adjective before noun:

> le plus joli chapeau     les plus jolis chapeaux
> la plus jolie robe       les plus jolies robes
>       mon plus joli chapeau

Adjective after noun:

> le livre le plus intéressant
> la promenade la plus agréable
> mon travail le plus difficile

*Best* = le (la) meilleur(e):

> le meilleur vin
> nos meilleures chambres

**Le moindre.**

In addition to «le plus petit» the form «le (la) moindre» (= *smallest, least*) is sometimes used:

Sans la moindre difficulté, *without the least difficulty.*

Cela n'a pas la moindre importance.

**De** after a superlative.

After a superlative "in" is translated by **de:**

le plus grand hôtel de la ville

le meilleur élève de la classe

## § 42. Object Pronouns.

Direct Object: me, te, le (la); nous, vous, les.

Indirect Object: me, te, lui; nous, vous, leur.

**Y** (= *there*):

Allez-vous à la gare? — Non, je n'y vais pas.

**Y** may mean "in it", "on it", etc.:

Que voyez-vous dans ce tiroir? — J'y vois des couteaux.

*What do you see in that drawer? — I see some knives in it.*

**En** (= *of it, of them, some, any*):

J'ai du beurre; j'en ai beaucoup (en = *of it*).

Avez-vous besoin de ces livres? — Non, je n'en ai pas besoin (en = *of them*).

A-t-il des frères? — Il en a trois (en = *of them*).

Il sort de la maison. Il en sort (en = *of it*).

Avez-vous du lait? En avez-vous? — Oui, j'en ai.

## § 43. The Place of the Object Pronoun.

The Object pronoun is placed immediately before the verb, except with the Imperative affirmative (see § 45):

Je le vois.

Le voyez-vous?

Je ne le vois pas.

Ne le voyez-vous pas?

Remember that **voici** and **voilà** may govern an Object pronoun:

me voici, *here I am*    les voilà, *there they are*

In compound tenses the Object pronoun is placed before the auxiliary (*avoir* or *être*):

Je l'ai vu.
L'avez-vous vu ?
Y êtes-vous allé ?

§ 44. Order of Object Pronouns before the Verb.

| me te nous vous | le la les | lui leur | y | en |
|---|---|---|---|---|

Examples:

Je le leur donne.
Il me les apporte.
Nous allons vous y trouver à 2 heures.
Il y en a.

§ 45. Object Pronouns with the Imperative.

Object pronouns follow the Imperative, but precede the Imperative Negative:

| | |
|---|---|
| Regardez-le. | Ne le regardez pas. |
| Écrivez-leur. | Ne leur écrivez pas. |
| Écoutez-moi. | Ne m'écoutez pas. |

N.B.—The Imperative Second Person Singular of *aller* is *va*, but one says *vas-y*.

Two pronouns following the Imperative occupy the same position as in English:

Donnez-le-lui.
Envoyez-les-moi.
Mettons-les-y.

§46. (a) **Il y a.**

PRESENT: il y a; il n'y a pas; y a-t-il? n'y a-t-il pas?
PERFECT: il y a eu.
IMPERFECT: il y avait.
FUTURE: il y aura.
CONDITIONAL: il y aurait.

Qu'y a-t-il?
Qu'est-ce qu'il y a? } *What is there?*

**Il y a** combined with **en:**

Il y en a. *There is (are) some.*
Y en a-t-il? *Is (are) there any?*
Il n'y en a pas. *There is (are) not any.*
N'y en a-t-il pas? *Is (are) there not any?*

(b) Il reste = *there remain(s).*

Il reste seulement deux enveloppes. *There are only two envelopes left.*
Il me reste 100 francs. *I have 100 francs left.*
Il ne reste rien. *Nothing is left.*

§47. The Relative Pronouns **qui, que, à qui, dont.**

*Who* or *which* (Subject) = **qui:**
La personne qui est là. Les personnes qui sont là.
La chose qui est là. Les choses qui sont là.

*Whom* or *which* (Object) = **que:**
La personne (les personnes) que je vois.
La chose (les choses) que je fais.

*To whom* = **à qui:**
La personne (les personnes) à qui je parlais.

**Dont** = *whose, of whom, of which:*
La personne (les personnes) dont je parle.
La chose (les choses) dont je parle.

Note the word order:
La maison dont les fenêtres sont ouvertes.
Un monsieur dont je connais le fils.

§ 48. Masc. **Lequel, lesquels.**

Fem. **Laquelle, lesquelles.**

(a) These pronouns are used to express things like "with which", "behind which":

> Il s'approcha de la porte derrière laquelle je me cachais.
>
> C'est ce pont sous lequel on passe en allant à la gare.

With **à** and **de** these forms contract to **auquel, duquel, desquels**, etc.:

> Nous allons visiter un parc au milieu duquel il y a un joli lac.

N.B.—To say "with whom", "for whom", etc., we use **qui**:

> C'est un monsieur avec qui je cause quelquefois.

(b) **Lequel, laquelle**, etc., are used with the sense of *which one* or *which ones*, referring to persons or things:

> Je connais une de ses sœurs.—Laquelle? (*Which one?*)
>
> Apportez mes souliers.—Lesquels? (*Which ones?*)

§ 49. The Disjunctive Pronouns.

| | |
|---|---|
| moi | nous |
| toi | vous |
| ⎰lui | ⎰eux |
| ⎱elle | ⎱elles |

N.B.—There is also the form **soi** (=*oneself*):
On travaille pour soi. On rentre chez soi.

Use:

(a) With prepositions:

> devant moi; avec eux; pour lui;
> chez moi, chez toi, etc.

186

These pronouns are used when a Reflexive verb is followed by a preposition:

Je m'approchai de lui. *I went up to him.*
Il se souvient de moi. *He remembers me.*

Note the useful expression **l'un d'eux** (*f.* **l'une d'elles**), *one of them.*

(b) With **c'est**:

C'est moi, c'est toi, etc.

But remember that with **eux**, **elles**, one uses **ce sont**:
ce sont eux; ce sont elles.

(c) Alone:

Qui a fait cela?—Moi.

(d) For emphasis:

Moi, je sais. *I* know.
Moi, je suis pauvre, mais vous, vous êtes riche.

(e) In comparisons:

Vous êtes plus grand que moi.

(f) Combined with **même**: moi-même, *myself*; lui-même, *himself*, etc.

Je le ferai moi-même. *I will do it myself.*
Nous l'avons vu nous-mêmes.

Also **soi-même**, *oneself:*

On le fait soi-même.

## § 50. The Possessive Pronoun.

| | SINGULAR | PLURAL |
|---|---|---|
| *mine* | m. **le mien**, f. **la mienne** | m. **les miens**, f. **les miennes** |
| *thine* | m. **le tien**, f. **la tienne** | m. **les tiens**, f. **les tiennes** |
| *his* }<br>*hers* } | m. **le sien**, f. **la sienne** | m. **les siens**, f. **les siennes** |
| *ours* | **le (la) nôtre** | m. and f. **les nôtres** |
| *yours* | **le (la) vôtre** | m. and f. **les vôtres** |
| *theirs* | **le (la) leur** | m. and f. **les leurs** |

187

Examples:

Votre robe est blanche, la mienne est rouge.

Vos maisons sont plus confortables que les nôtres.

Notre jardin est moins grand que le leur.

As you see from these examples, the form used depends on the number and gender of the thing meant. With *le sien, la sienne* the same difficulty arises as with *son, sa*: it is not the possessor, but the thing meant which decides the gender:

*Your hat is prettier than hers.*

Ton chapeau est plus joli que le sien.

*My car is smaller than his.*

Ma voiture est plus petite que la sienne.

N.B.—*A friend of mine* = un de mes amis.

## § 51. Ce.

Examples to note:

C'est Jean; c'est lui; c'est joli; c'est ici.

C'est un ami. Ce sont des amis.

C'est un homme charmant. (*He is* . . .)

Ce sont des enfants polis. (*They are* . . .)

## § 52. Il est (possible) . . . ; c'est (possible).

**Il est** + adjective is followed by **de** or **que**:

Il est possible de le faire.

Il est probable qu'il viendra.

**Il est** . . . therefore leads off when we are about to say what is possible, difficult, evident, etc.

Now study these examples:

Il est possible d'y aller?—Oui, c'est possible.

Il est évident qu'il ne le fera pas.—Oui, c'est évident.

**C'est** means "that (*i.e.* what we have mentioned) is" possible, evident, etc.

§ 53. **Ceci**, *this*; **cela** (**ça**), *that*.

> Regardez ceci. *Look at this.*
> Ceci est plus joli. *This is prettier.*
> Qui vous a dit cela (ça)? *Who told you that?*
> Cela n'a pas d'importance.
> Qu'est-ce que c'est que cela (ça)? *What is that?*

§ 54. **Ce qui** (Subject), **ce que** (Object), meaning *what*.

> Je me demande ce qui les amène ici.
> *I wonder what brings them here.*
>
> Nous allons manger tout ce qui reste.
> *We are going to eat all that remains (is left).*
>
> Je n'entends pas ce que vous dites.
> *I do not hear what you say.*
>
> J'ai compris tout ce qu'il a dit.
> *I understood all (that) he said.*

§ 55. **Celui,** etc.

> Sing. MASC. **celui**     Plur. MASC. **ceux**
>      FEM. **celle**          FEM. **celles**
>
> Use:
>
> (*a*) Followed by **de**, meaning *that (those) of:*
>
> > Mon costume est brun, celui de Marcel est bleu.
> > Notre maison est plus grande que celle de mon oncle.
> > Mes souliers sont noirs, ceux de mon frère sont jaunes.
>
> (*b*) Followed by **qui** or **que**:
>
> > Quel livre?—Celui qui est sur ce fauteuil, celui que vous lisiez.
> > Quelles assiettes?—Celles qui sont dans la cuisine, celles que je viens de laver.
> > Quelle dame?—Celle qui est venue hier (*the one who . . .*).
> > Celui qui hésite est perdu (*he who . . .*).
> > Tous ceux qui      ⎫ *all (those) who . . .*
> > Toutes celles qui ⎭

§ 56.   MASC.  **celui-ci,** *this one*         **ceux-ci,** *these*
               **celui-là,** *that one*       **ceux-là,** *those*

      FEM.  **celle-ci,** *this one*          **celles-ci,** *these*
               **celle-là,** *that one*       **celles-là,** *those*

Examples:

> Voici deux sacs; celui-ci est plus cher que celui-là.
> Voici une autre chambre; celle-ci est à 500 francs.
> Donnez-moi mes lunettes.—Celles-ci?—Non, celles-là.

## § 57. Chacun.

**Chaque** (*each*) is the adjective: chaque personne, chaque article.

**Chacun(e)** = *each* or *each one* used without a noun, *i.e.* as a pronoun:

> Il y avait trois fillettes; chacune portait un joli bouquet.
> Dix élèves se présentèrent; chacun reçut un prix.
> Chacun de ces articles ... *Each of these articles* ...

## § 58. Quelqu'un.

The adjective **quelque** (*some*) is already known:

> quelque petite ville, *some little town.*
> quelques jours, *some (a few) days.*

Note: quelque chose de bon, *something good.*

**Quelqu'un** = *someone*: J'attends quelqu'un.

**Quelques-un(e)s** = *some* or *a few*, used as a pronoun, *i.e.* without a noun:

> Avez-vous pris des poissons?—Nous en avons pris quelques-uns.
> Quelques-unes de ces maisons sont fort intéressantes.

## § 59. Negations.

**Ne ... rien; rien ... ne**, *nothing, not anything.*
Je ne fais rien. *I do nothing.*
Rien ne bouge. *Nothing moves.*
Que dis-tu?—Rien. *What do you say?—Nothing.*

**Ne ... personne; personne ... ne**, *nobody, not anybody.*
Je ne vois personne.
Il ne le dira à personne.
Personne ne vient.
Qui voyez-vous?—Personne.

**Ne ... jamais**, *never, not ever.*
Je n'y vais jamais.
Y êtes-vous allé?—Jamais.

**Ne ... plus**, *no longer, no more, not any more.*
Je ne leur écris plus.
Il n'y a plus de lait.

**Ne ... que**, *only, nothing but.*
Vous n'avez qu'un quart d'heure.
Je n'y suis allé qu'une fois.

**Ne** combined with **ni ... ni ...** means *neither ... nor ...*
Je n'ai ni plume ni crayon.
Ni ses parents ni ses amis ne le savent.

**Ne ... point** means *not* or *not a bit.* It is merely a stronger form of **ne ... pas**:
Elle n'est point jolie.
Je n'ai point d'argent.

**Ne ... aucun(e)** is an emphatic form for *none, not any, not one*:
A Venise on ne voit aucun arbre, aucune voiture.
Cela n'a aucune importance.

**§ 60. Position of Negations in Compound Tenses.**

> Je n'ai pas regardé.
> Il n'a rien dit.
> Elle n'est jamais revenue.
> *but* Je n'avais rencontré personne.

**§ 61. Examples of two negations combined.**

> Je ne fais plus rien. $\begin{cases} I \text{ no longer do anything.} \\ I \text{ do not do anything now.} \end{cases}$
> Il n'y alla plus jamais. *He never went there any more.*
> Elle ne leur donne jamais rien. *She never gives them anything.*

**§ 62. Negation with the Infinitive.**

> Both parts (ne pas, ne rien, etc.) are placed before the Infinitive: *not to (do)* is **ne pas (faire).**
> Je lui ai dit de ne pas attendre.
> Nous avons décidé de ne rien faire.
> Il m'a promis de ne jamais rien dire.

**§ 63. Accompanying sans (*without*), the forms rien, jamais, aucun(e) may be used in the affirmative sense:**

> Sans rien voir. *Without seeing anything.*
> Sans jamais parler. *Without ever speaking.*
> Sans aucune difficulté. *Without any difficulty.*

> **Jamais** and **rien** may also be used affirmatively in questions:
> Avez-vous jamais vu cela? *Have you ever seen that?*
> Vous a-t-il rien dit? *Has he told you anything?*

**§ 64. Other useful negative expressions.**

> Pas de pain. *No bread, not any bread.*
> Pas encore. *Not yet.*
> Pas du tout. *Not at all.*

**Non plus,** *either*:

> Jean ne viendra pas non plus. *John won't come either.*
> Ni moi non plus. *Nor I either; neither shall I.*

## § 65. Formation of Adverbs from Adjectives.

Normal: add *-ment* to the feminine:
doux, *f.* douce; *adv.* doucement.

When the adjective ends in a vowel (*e.g.* vrai), add *-ment* to the masculine:
vrai, vraiment; poli, poliment.
  Exception: gai, gaiement.

Adjectives which end in *-ent* or *-ant* give adverbs ending in *-emment, -amment*:
évident, évidemment; constant, constamment.
  Exception: lent, lentement (*slowly*).

Other exceptional adverbs:

| | | |
|---|---|---|
| gentil, *nice* | gentiment |
| précis, *precise* | précisément |
| énorme, *huge* | énormément |
| profond, *deep* | profondément |

## § 66. Comparison and Superlative of Adverbs.

Nous allons aussi vite qu'eux (*as quickly as* . . .).
Allez plus vite (*more quickly*).
Allez moins vite (*less quickly, not as quickly*).
N'allons pas si vite (*not so quickly*).
C'est Michel qui a couru le plus vite (*the most quickly, the fastest*).

*Well* = bien; *better* = mieux; (*the*) *best* = le mieux:
Vous jouez mieux que moi.
C'est vous qui jouez le mieux.
Faire de son mieux = *to do one's best:*
J'ai fait de mon mieux.

*Little* = peu; *less* = moins; (*the*) *least* = le moins:
Moins difficile, *less difficult.*
Le moins difficile, *the least difficult.*

193

§ 67. Notes on some Adverbs and Conjunctions.

### Bientôt; tôt.

*Soon* by itself = bientôt, *e.g.* Il arrivera bientôt. With another word (*e.g.* so soon, too soon), *soon* = tôt:

Pourquoi partez-vous si tôt?
J'y suis arrivé trop tôt.
Il faudra partir plus tôt.

### Tard; en retard.

Tard = *late*, without reference to any particular time:
Je me suis couché tard.

En retard = *late*, in the sense of "after time":
Nous y sommes arrivés en retard.

### Quelque part, *somewhere:*

J'ai vu cela quelque part.
Je n'ai vu cela nulle part (*nowhere, not anywhere*).

### Pendant que; tandis que.

Pendant que = *while* (during the time that . . .):
Pendant que j'attendais, j'ai écrit une lettre.

Tandis que = *whilst, whereas* (with an idea of contrast):
Jean travaille tout le temps, tandis que les autres ne font rien.

### Comme.

Note the word order:
Comme elle est jolie! *How pretty she is!*

Or **que** may be used:
Que je suis content! *How pleased I am!*

**Car** (= *for*) is the conjunction:
Ne vous approchez pas, car ces bêtes sont méchantes.

**Pour** (= *for*) is the preposition:
Pour moi; pour ma sœur.

**Maintenant** = *now* (at the present time):

Où est-il maintenant?

**Or** = *now*, beginning a fresh part of a story:

Or, cet homme avait deux filles . . .

**Fois.**

Encore une fois, *once more.*

Chaque fois que } *each (every) time that, whenever.*
Toutes les fois que

§ 68. Notes on some Prepositions.

**A** often translates *in* or *on*:

au salon, *in the drawing-room.*
au jardin, *in the garden.*
aux champs, *in the fields.*
à la campagne, *in the country.*
à l'ombre, *in the shade.*
au soleil, *in the sun.*
à mon retour, *on my return.*
à mon avis, *in my opinion.*

Note the use of **à** in descriptive expressions:

Le monsieur au chapeau noir. *The gentleman with the black hat.*
La dame aux lunettes. *The lady with glasses.*
La maison au toit vert. *The house with the green roof.*
«L'Homme au masque de fer» (A. Dumas). "The Man with the Iron Mask."

Note the use of **à** in this case:

A une certain distance de . . . *A certain distance from.*
Cette ville se trouve à cent kilomètres de Paris.

**De.**

**De** is the preposition used with **manière** (*manner*) and **façon** (*fashion, way*):

D'une certaine manière (façon).
D'une manière (façon) négligente.
La façon (manière) dont on fait les choses.

Another useful expression:

De toutes mes forces, *with all my strength* (*might*).

De is the preposition used with côté (*side*):
  d'un côté, *on one side.*
  de l'autre côté, *on the other side.*
  de tous côtés, *on all sides.*

## Devant; avant.

Devant = *before,* **in front of**, speaking of place:
  devant les enfants; devant la maison.

Avant = *before* (of time or order):
  Avant dix heures.
  Il est rentré avant moi.

Translation of "about".
  *At about 5 o'clock:* vers cinq heures.
                         à cinq heures environ.
  *About* 10 *kilomètres:* dix kilomètres environ
              *or* à peu près dix kilomètres.
                (à peu près = *within a little.*)

  *About* (= concerning): au sujet de, à propos de:
                         au sujet de ma visite.
                         à propos de cette excursion.

## § 69. Les Saisons (*f.*).

| | |
|---|---|
| le printemps | au printemps |
| l'été (*m*). | en été |
| l'automne (*m.*) | en automne |
| l'hiver (*m.*) | en hiver |

## Les Mois (*m.*).

(The names of the months are all masculine nouns.)

janvier, février, mars, avril, mai, juin, juillet, août,
  septembre, octobre, novembre, décembre.

*In January* { en janvier
             { au mois de janvier

196

## § 70. Les jours de la semaine.

| (le) dimanche | (le) jeudi |
| (le) lundi | (le) vendredi |
| (le) mardi | (le) samedi |
| (le) mercredi | |

N.B.—We say "le dimanche" when we mean "on Sundays" (regular event):

Nous jouons au football le samedi.

Useful expressions:

lundi prochain, *next Monday.*
samedi dernier, *last Saturday.*
dimanche matin, *Sunday morning.*
vendredi soir, *Friday evening.*
lundi après-midi, *Monday afternoon.*

When translating things like "on Tuesday", "on Friday morning", no word is necessary for "on":

Je viendrai mardi. *I will come on Tuesday.*

Il arrivera vendredi matin. *He will arrive on Friday morning.*

The same applies to "in the morning (evening, etc.)":

Le matin je travaille, l'après-midi je me promène.

## § 71. Various expressions of time:

l'an dernier *or* l'année dernière, *last year.*
l'an prochain *or* l'année prochaine, *next year.*
tout le temps, *all the time.*
combien de temps? *how much time? how long?*
tous les jours (mois, ans), *every day (month, year).*
toutes les semaines, *every week.*
il y a un mois, *a month ago.*
un mois auparavant, *a month before.*
le jour où ... *the day when ...*
un jour (soir) que ... *one day (evening) when ...*
3 fois par jour (mois, an), *3 times a day (month, year).*
On peut y aller en deux heures (*time taken*).
Ils arriveront dans deux heures (*in two hours' time*).

## § 72. **La Journée,** etc.

| | |
|---|---|
| le jour, *day* | la journée, *day* |
| le matin, *morning* | la matinée, *morning* |
| le soir, *evening* | la soirée, *evening* |

We use *la journée, la matinée, la soirée* when we have in mind what goes to fill up the time:

J'ai travaillé toute la matinée.
*I have been working all the morning.*

Nous avons passé une journée fort agréable.
*We have spent a very pleasant day.*

## § 73. (*a*) Cardinal numbers.

| | | | |
|---|---|---|---|
| 21 | vingt et un | 71 | soixante et onze |
| 22 | vingt-deux | 72 | soixante-douze |
| 31 | trente et un | 79 | soixante-dix-neuf |
| 32 | trente-deux | 80 | quatre-vingts |
| 41 | quarante et un | 81 | quatre-vingt-un |
| 42 | quarante-deux | 90 | quatre-vingt-dix |
| 51 | cinquante et un | 99 | quatre-vingt-dix-neuf |
| 61 | soixante et un | 100 | cent |
| 70 | soixante-dix | 101 | cent un |

200 deux cents; 300 trois cents
210 deux cent dix
1,000 mille
5,000 cinq mille

N.B.—Mille = *mile*, takes *s* in the plural, *e.g.* dix milles.

(*b*) Collectives:

une huitaine de jours, *a week.*
une quinzaine de jours, *a fortnight.*
une vingtaine de personnes, *about twenty people.*
une trentaine (de), une quarantaine (de), etc.
plusieurs centaines d'élèves, *several hundred pupils.*

(c) Ordinal numbers:

| | | | |
|---|---|---|---|
| 1st | premier (f. -ière) | 9th | neuvième |
| 2nd | deuxième | 15th | quinzième |
| | second(e) | 20th | vingtième |
| 3rd | troisième | 21st | vingt et unième |
| 5th | cinquième | | etc. |

(d) Dimensions.

Cette salle a six mètres de long.
*This room is six metres long.*

Elle a quatre mètres de large.
*It is four metres wide.*

Ce mur a trois mètres de haut.
*This wall is three metres high.*

## § 74. La Date.

le premier . . ., le deux . . ., le trois . . ., etc.
(On dit: le huit, le onze.)

Examples:

le premier mai; le quinze mars; le huit septembre.
*On February* 12, le douze février.

Useful expressions:

Quel jour du mois sommes-nous?
Le combien sommes-nous aujourd'hui?
Nous sommes aujourd'hui le dix-sept.

## L'année (*the year*).

1947 $\begin{cases} \text{mil neuf cent quarante-sept.} \\ \text{dix-neuf cent quarante-sept.} \end{cases}$

## § 75. Time by the Clock.

Quelle heure est-il ? — Il est . . .

| | |
|---|---|
| 12 *noon* | Midi. |
| 12 *midnight* | Minuit. |
| 12.30 | Midi (minuit) et demi. |
| 3h. 30. | Trois heures et demie. |
| 4h. 15. | Quatre heures et quart. |
| 5h. 45. | Six heures moins le (*ou* un) quart. |
| 8h. 10. | Huit heures dix. |
| 9h. 40. | Dix heures moins vingt. |
| 7 a.m. | Sept heures du matin. |
| 3 p.m. | Trois heures de l'après-midi. |
| 9 p.m. | Neuf heures du soir. |

In time-tables, programmes, etc., the "24-hour clock" is used: 16h. 20 (4.20 p.m.); 22h. 5 (10.5 p.m.).

## § 76. Quel temps fait-il ?

Il fait beau (temps).
Il fait mauvais temps.
Il fait chaud (très chaud).
Il fait froid.
Il fait doux. *It is mild.*
Il fait du vent. *It is windy.*
Il fait du brouillard. *It is foggy.*
Il fait jour. *It is light.*
Il fait nuit. *It is dark.*
Il fait sombre. *It is dark (gloomy).*
Il pleut, *it rains*; il a plu; il pleuvait; il pleuvra.
Il neige *ou* il tombe de la neige. *It snows.*
Il gèle. *It is freezing.*

N.B.—One may say "Le temps est beau", but never "Le temps fait beau".

When we wish to say *in* a certain kind of weather or *on* a certain kind of day, the word to use is **par**:

*in splendid weather,* par un temps splendide.
*on a very cold day,* par un jour très froid.

§ 77. Expressions made up of **avoir** + noun.

J'ai froid. *I am cold.*
J'ai chaud. *I am warm.*
{ J'ai faim. *I am hungry.*
{ J'ai grand'faim (*ou* très faim). *I am very hungry.*
{ J'ai soif. *I am thirsty.*
{ J'ai grand'soif (*ou* très soif). *I am very thirsty.*
{ J'ai peur. *I am afraid.*
{ J'ai grand'peur. *I am very afraid.*
J'ai raison. *I am right.*
J'ai tort. *I am wrong.*
J'ai besoin (de). *I have need (of), I need.*
J'ai envie de (faire). *I feel inclined to (do).*

Avoir lieu, *to take place*:
    Le bal aura lieu samedi.
Avoir soin, *to take care:*
    Ayez soin de vos habits.

| LE PAYS | LES HABITANTS | LA LANGUE |
|---|---|---|
| L'Europe (*f.*) | l'Européen | |
| | l'Européenne | |
| La France | le Français | le français |
| | la Française | |
| La Grande-Bretagne | | |
| L'Angleterre (*f.*) | l'Anglais | l'anglais |
| | l'Anglaise | |
| L'Écosse (*f.*) | l'Écossais | l'anglais |
| (*Scotland*) | l'Écossaise | |
| Le Pays de Galles | le Gallois | ⎰ l'anglais |
| (*Wales*) | la Galloise | ⎱ le gallois |
| L'Irlande (*f.*) | l'Irlandais | ⎰ l'anglais |
| | l'Irlandaise | ⎱ l'erse |
| ⎰ L'Amérique (*f.*) | l'Américain | l'anglais |
| ⎱ Les États-Unis (*m.*) | l'Américaine | |
| Le Canada | le Canadien | ⎰ l'anglais |
| | la Canadienne | ⎱ le français |
| L'Australie (*f.*) | l'Australien | l'anglais |
| | l'Australienne | |
| La Nouvelle-Zélande | le Néozélandais | l'anglais |
| | la Néozélandaise | |
| ⎰ L'Afrique du Sud | le Sud-Africain | ⎰ l'anglais |
| ⎱ L'Union Sud-Africaine | la Sud-Africaine | ⎱ l'africaans |
| L'Allemagne (*f.*) | l'Allemand | l'allemand |
| | l'Allemande | |
| La Russie | le Russe | le russe |
| | la Russe | |
| La Hollande | le Hollandais | le hollan- |
| | la Hollandaise | dais |
| La Belgique | le Belge | le français |
| | la Belge | |
| L'Italie (*f.*) | l'Italien | l'italien |
| | l'Italienne | |
| L'Espagne (*f.*) | l'Espagnol | l'espagnol |
| | l'Espagnole | |

§ 79. Points of Usage.

### (a) **Les pays; les villes.**

*To* or *in* with feminine names of countries (the great majority) is **en**:

Nous allons en France.

Il est en Angleterre.

*From* is **de**:

Cela vient de France.

With the few masculine names, *to* is **au**, *from* is **du**:

Il va au Canada (aux États-Unis).

Ils sont revenus du Canada (des États-Unis).

With names of towns, *to, at* or *in* is **à**, *from* is **de**:

Ils sont à Bordeaux.

Ils viennent de Toulouse.

### (b) **Les habitants.**

| | |
|---|---|
| *French people.* | Les Français. |
| *An English boy.* | Un petit (jeune) Anglais. |
| *A French girl.* | Une petite (jeune) Française. |

Je suis Anglais.

Elle est Française.

*or* C'est une Française.

N.B.—It is incorrect to say "Je suis un Anglais", "Elle est une Française".

### (c) **Les langues.**

On dit: Nous parlons français.

Mais on dit: Nous connaissons le **français**.

| Infinitive | Participles | Present Indicative | Imperfect Past Hist. | Future Conditional |
|---|---|---|---|---|
| **Avoir, être** | | | | |
| avoir, *to have* | ayant eu | ai, as, a, avons, avez, ont | avais eus | aurai aurais |
| être, *to be* | étant été | suis, es, est, sommes, êtes, sont | étais fus | serai serais |
| **Donner, Finir, Vendre** | | | | |
| donner, *to give* | donnant donné | donne, -es, -e donnons, -ez, -ent | donnais donnai | donnerai donnerais |
| finir, *to finish* | finissant fini | finis, -is, -it, finissons, -ez, -ent | finissais finis | finirai finirais |
| vendre, *to sell* | vendant vendu | vends, vends, vend vendons, -ez, -ent | vendais vendis | vendrai vendrais |
| **Smaller Groups** | | | | |
| servir, *to serve* | servant servi | sers, -s, -t, servons, -ez, -ent | servais servis | servirai servirais |
| ouvrir, *to open* | ouvrant ouvert | ouvre, -es, -e, ouvrons, -ez, -ent | ouvrais ouvris | ouvrirai ouvrirais |
| conduire, *to lead* | conduisant conduit | conduis, -s, -t conduisons, -ez -ent | conduisais conduisis | conduirai conduirais |
| craindre, *to fear* | craignant craint | crains, -s, -t, craignons, -ez, -ent | craignais craignis | craindrai craindrais |
| recevoir, *to receive* | recevant reçu | reçois, -s, -t, recevons, -ez, reçoivent | recevais reçus | recevrai recevrais |
| **Common Irregular Verbs** | | | | |
| aller, *to go* | allant allé | vais, vas, va, allons, allez, vont | allais allai | irai irais |
| asseoir (Refl. s'asseoir, *to sit down*) | asseyant assis | assieds, -s, assied, asseyons, -ez, -ent | asseyais assis | assiérai assiérais |

| Present Subjunctive | Imperative | Remarks<br>Verbs similarly conjugated |
|---|---|---|
| aie, aies, ait,<br>ayons, ayez, aient | aie, ayons,<br>ayez | |
| sois, sois, soit,<br>soyons, soyez, soient | sois, soyons,<br>soyez | |
| donne, -es, -e,<br>donnions, -iez, -ent | donne, donnons,<br>donnez | Large group |
| finisse, -es, -e,<br>finissions, -iez, -ent | finis, finissons,<br>finissez | Large group |
| vende, -es, -e,<br>vendions, -iez, -ent | vends, vendons,<br>vendez | Large group |
| serve, -es, -e,<br>servions, -iez, -ent | sers, servons,<br>servez | dormir, sentir, mentir.<br>Conj. with *être*: partir,<br>sortir |
| ouvre, -es, -e,<br>ouvrions, -iez, -ent | ouvre, ouvrons,<br>ouvrez | couvrir, offrir, souffrir |
| conduise, -es, -e,<br>conduisions, -iez, -ent | conduis, conduisons,<br>conduisez | Verbs in *-uire*, e.g. détruire,<br>produire, traduire, con-<br>struire |
| craigne, -es, -e,<br>craignions, -iez, -ent | crains, craignons,<br>craignez | plaindre, rejoindre, éteindre |
| reçoive, -es, -e,<br>recevions, -iez, reçoivent | reçois, recevons,<br>recevez | apercevoir, concevoir,<br>décevoir |
| aille, -es, -e,<br>allions, -iez, aillent | va, allons,<br>allez | Conjugated with *être* |
| asseye, -es, -e,<br>asseyions, -iez, -ent | assieds, asseyons,<br>asseyez | |

| Infinitive | Participles | Present Indicative | Imperfect Past Hist. | Future Conditional |
|---|---|---|---|---|
| battre, *to beat* | battant battu | bats, bats, bat, battons, -ez, -ent | battais battis | battrai battrais |
| boire, *to drink* | buvant bu | bois, -s, -t, buvons, -ez, boivent | buvais bus | boirai boirais |
| connaître *to know* | connaissant connu | connais, -s, connaît connaissons, -ez, -ent | connaissais connus | connaîtrai connaîtrais |
| courir, *to run* | courant couru | cours, -s, -t, courons, -ez, -ent | courais courus | courrai courrais |
| croire, *to believe* | croyant cru | crois, -s, -t, croyons, -ez, croient | croyais crus | croirai croirais |
| cueillir, *to gather* | cueillant cueilli | cueille, -es, -e, cueillons, -ez, -ent | cueillais cueillis | cueillerai cueillerais |
| devoir, *to owe* | devant dû (*f.* due) | dois, -s, -t, devons, -ez, doivent | devais dus | devrai devrais |
| dire, *to say* | disant dit | dis, -s, -t, disons, dites, disent | disais dis | dirai dirais |
| écrire, *to write* | écrivant écrit | écris, -s, -t, écrivons, -ez, -ent | écrivais écrivis | écrirai écrirais |
| envoyer, *to send* | envoyant envoyé | envoie, -es, -e, envoyons, -ez, envoient | envoyais envoyai | enverrai enverrais |
| faire, *to do, to make* | faisant fait | fais, -s, -t, faisons, faites, font | faisais fis | ferai ferais |
| falloir, *to be necessary* | fallu | il faut | il fallait il fallut | il faudra il faudrait |
| fuir, *to flee* | fuyant fui | fuis, -s, -t, fuyons, -ez, fuient | fuyais fuis | fuirai fuirais |
| lire, *to read* | lisant lu | lis, -s, -t, lisons, -ez, -ent | lisais lus | lirai lirais |
| mettre, *to put* | mettant mis | mets, -s, met, mettons, -ez, -ent | mettais mis | mettrai mettrais |
| mourir, *to die* | mourant mort | meurs, -s, -t, mourons, -ez, meurent | mourais mourus | mourrai mourrais |

206

| Present Subjunctive | Imperative | Remarks<br>Verbs similarly conjugated |
|---|---|---|
| batte, -es, -e,<br>battions, -iez, -ent | bats, battons,<br>battez | Compounds: combattre,<br>abattre |
| boive, -es, -e,<br>buvions, -iez, boivent | bois, buvons,<br>buvez | |
| connaisse, -es, -e,<br>connaissions, -iez, -ent | connais, connaissons,<br>connaissez | paraître, and compounds<br>of both |
| coure, -es, -e,<br>courions, -iez, -ent | cours, courons,<br>courez | accourir |
| croie, -es, -e,<br>croyions, -iez, croient | crois, croyons,<br>croyez | |
| cueille, -es, -e,<br>cueillions, -iez, -ent | cueille, cueillons,<br>cueillez | recueillir, accueillir |
| doive, -es, -e,<br>devions, -iez, doivent | dois, devons,<br>devez | |
| dise, -es, -e,<br>disions, -iez, -ent | dis, disons,<br>dites | |
| écrive, -es, -e,<br>écrivions, -iez, -ent | écris, écrivons,<br>écrivez | décrire, inscrire |
| envoie, -es, -e,<br>envoyions, -iez, envoient | envoie, envoyons,<br>envoyez | renvoyer |
| fasse, -es, -e,<br>fassions, -iez, -ent | fais, faisons,<br>faites | |
| il faille | | Used only in 3rd sing. |
| fuie, -es, -e,<br>fuyions, -iez, fuient | fuis, fuyons,<br>fuyez | s'enfuir |
| lise, -es, -e,<br>lisions, -iez, -ent | lis, lisons,<br>lisez | relire |
| mette, -es, -e,<br>mettions, -iez, -ent | mets, mettons,<br>mettez | remettre, promettre,<br>permettre, omettre |
| meure, -es, -e,<br>mourions, -iez, meurent | meurs, mourons,<br>mourez | Conjugated with *être* |

| Infinitive | Participles | Present Indicative | Imperfect Past Hist. | Future Conditional |
|---|---|---|---|---|
| naître, *to be born* | naissant né | nais, -s, naît naissons, -ez, -ent | naissais naquis | naîtrai naîtrais |
| plaire, *to please* | plaisant plu | plais, -s, plaît, plaisons, -ez, -ent | plaisais plus | plairai plairais |
| pleuvoir, *to rain* | pleuvant plu | il pleut | il pleuvait il plut | il pleuvra il pleuvrait |
| pouvoir, *to be able* | pouvant pu | peux (puis), -x, -t, pouvons, -ez, peuvent | pouvais pus | pourrai pourrais |
| prendre, *to take* | prenant pris | prends, -s, prend, prenons, -ez, prennent | prenais pris | prendrai prendrais |
| rire, *to laugh* | riant ri | ris, ris, rit, rions, riez, rient | riais ris | rirai rirais |
| rompre, *to break* | rompant rompu | romps, -s, -t, rompons, -ez, -ent | rompais rompis | romprai romprais |
| savoir, *to know* | sachant su | sais, -s, -t, savons, -ez, -ent | savais sus | saurai saurais |
| suivre, *to follow* | suivant suivi | suis, -s, -t, suivons, -ez, -ent | suivais suivis | suivrai suivrais |
| taire (*Refl.* se taire, *to be silent*) | taisant tu | tais, -s, -t, taisons, -ez, -ent | taisais tus | tairai tairais |
| tenir, *to hold* | tenant tenu | tiens, -s, -t, tenons, -ez, tiennent | tenais tins, -s, -t, tînmes, tîntes, tinrent | tiendrai tiendrais |
| valoir, *to be worth* | valant valu | vaux, -x, -t, valons, -ez, -ent | valais valus | vaudrai vaudrais |
| venir, *to come* | venant venu | viens, -s, -t, venons, -ez, viennent | venais vins, -s, -t, vînmes, vîntes, vinrent | viendrai viendrais |
| vivre, *to live* | vivant vécu | vis, -s, -t, vivons, -ez, -ent | vivais vécus | vivrai vivrais |

| Present Subjunctive | Imperative | Remarks<br>Verbs similarly conjugated |
|---|---|---|
| naisse, -es, -e,<br>naissions, -iez, -ent | nais, naissons,<br>naissez | Conjugated with *être*;<br>renaître |
| plaise, -es, -e,<br>plaisions, -iez, -ent | plais, plaisons,<br>plaisez | |
| il pleuve | | Used inly in 3rd sing. |
| puisse, -es, -e,<br>puissions, -iez, -ent | | |
| prenne, -es, -e,<br>prenions, -iez, prennent | prends, prenons,<br>prenez | comprendre, surprendre,<br>apprendre, reprendre |
| rie, -es, -e,<br>riions, riiez, rient | ris, rions,<br>riez | sourire |
| rompe, -es, -e,<br>rompions, -iez, -ent | romps, rompons,<br>rompez | corrompre, interrompre |
| sache, -es, -e,<br>sachions, -iez, -ent | sache, sachons,<br>sachez | |
| suive, -es, -e,<br>suivions, -iez, -ent | suis, suivons,<br>suivez | poursuivre |
| taise, -es, -e,<br>taisions, -iez, -ent | tais, taisons,<br>taisez | |
| tienne, -es, -e,<br>tenions, -iez, tiennent | tiens, tenons,<br>tenez | contenir, retenir, maintenir,<br>appartenir |
| vaille, -es, -e,<br>valions, -iez, vaillent | vaux, valons,<br>valez | |
| vienne, -es, -e,<br>venions, -iez, viennent | viens, venons,<br>venez | Conj. with *être*, as are the<br>compounds: revenir, de-<br>venir, convenir, parvenir |
| vive, -es, -e,<br>vivions, -iez, -ent | vis, vivons,<br>vivez | survivre, revivre |

| Infinitive | Participles | Present Indicative | Imperfect Past Hist. | Future Conditional |
|---|---|---|---|---|
| voir, *to see* | voyant vu | vois, -s, -t, voyons, -ez, voient | voyais vis | verrai verrais |
| vouloir, *to wish* | voulant voulu | veux, -x, -t, voulons -ez, veulent | voulais voulus | voudrai voudrais |

## Verbs in -er showing certain peculiarities.

(*a*) In verbs like *manger* and *commencer*, the *g* or *c* must be softened (*ge*, *ç*) before *o* or *a*, e.g. nous mangeons, nous commençons; je mangeais, il commençait.

(*b*) Verbs like *mener*, *lever*, *acheter* require *è* before mute endings.

*Appeler* and *jeter* open the *e* by doubling the consonant.

*Répéter, espérer, posséder*, etc., change *é* to *è* before mute endings, except in the future, where *é* stands.

| | | | |
|---|---|---|---|
| je mène | j'appelle | je jette | je répète |
| tu mènes | tu appelles | tu jettes | tu répètes |
| il mène | il appelle | il jette | il répète |
| nous menons | nous appelons | nous jetons | nous répétons |
| vous menez | vous appelez | vous jetez | vous répétez |
| ils mènent | ils appellent | ils jettent | ils répètent |
| | | | |
| je mènerai | j'appellerai | je jetterai | je répéterai |
| je mènerais | j'appellerais | je jetterais | je répéterais |

| Present Subjunctive | Imperative | Remarks<br>Verbs similarly conjugated |
|---|---|---|
| voie, -es, -e,<br>voyions, -iez, voient | vois, voyons,<br>voyez | revoir |
| veuille, -es, -e,<br>voulions, -iez, veuillent | veuille, veuillons,<br>veuillez | |

(c) Verbs in -oyer (e.g. employer, nettoyer) and those in -uyer (e.g. ennuyer, appuyer) change y to i before mute endings.

In the case of essayer, payer, etc., the change is optional.

| | | |
|---|---|---|
| j'emploie | j'appuie | j'essaie or j'essaye, etc. |
| tu emploies | tu appuies | |
| il emploie | il appuie | |
| nous employons | nous appuyons | |
| vous employez | vous appuyez | |
| ils emploient | ils appuient | |
| | | |
| j'emploierai | j'appuierai | |
| j'emploierais | j'appuierais | |

# VOCABULARY

## FRENCH—ENGLISH

### A

**s'abaisser,** to be lowered, to go down.

**abattre,** to strike down.

**une abeille,** bee.

**aboyer,** to bark.

**abreuver,** to water, to slake.

**un accent,** accent, tone.

**accepter,** to accept.

**accompagner,** to accompany.

**accomplir** (*conj. like* **finir**), to accomplish.

**accourir** (*conj. like* **courir**), to run (hasten) up.

**accoutumé,** accustomed, usual.

**accroché,** hooked, caught.

**accueillir** (*conj. like* **cueillir**), to welcome.

**acheter,** to buy.

**achever,** to complete, to finish.

**actuel,** present.

**l'addition** (*f.*), total; bill.

**additionner,** to add up.

**adieu,** farewell; **faire ses adieux,** to say good-bye.

**une adresse,** address.

**adresser,** to address.

**adroitement,** skilfully.

**un adversaire,** adversary.

**une affaire,** affair; **une planche fit l'affaire,** a plank did the trick.

**affairé,** busy.

**une affiche,** notice, poster.

**affreux,** awful, frightful.

**afin que** (+ *subj.*), in order that.

**l'âge** (*m.*), age.

**âgé,** aged, old.

**un agent (de police),** policeman.

**agir** (*conj. like* **finir**), to act; **il s'agit de,** it is a question of, it is about.

**agiter,** to sway, to toss (about); **s'agiter,** to move about; to eddy.

**un agneau,** lamb.

**agréable,** agreeable, pleasant.

**ahuri,** bewildered.

**l'aide** (*f.*), help.

**aider,** to help.

**une aiguille,** needle; hand (*of a clock*).

**une aile,** wing; sail (*of a mill*).

**ailleurs,** elsewhere.

**aimable,** nice, pleasant.

**aimer,** to like, to love; **aimer mieux,** to like better, to prefer.

**ainsi,** thus; **ainsi que,** (even) as.

**l'air** (*m.*), air; tune; look, appearance; **à l'air affairé,** busy-looking.

**aise; j'en suis fort aise,** I am very glad.

**ajouter,** to add.

**d'alentour,** round about.

**une allée,** path, walk.

**l'Allemagne** (*f.*), Germany.

**allemand,** German.

**aller,** to go; **s'en aller,** to go away.

**allons!** come now!

**allumer,** to light, to kindle.

**une allumette,** match.

**alors,** then; (*starting speech*) well now, well then.

**un amant,** lover.

**un amateur,** lover.

**amener,** to bring.

**amèrement,** bitterly.

**un Américain,** American.

**un ami** (*f.* **une amie**), friend.

**amicalement,** amicably; in a friendly way.

**l'amour** (*m.*), love.

**amuser,** to amuse; **s'amuser,** to amuse oneself, to enjoy oneself.

**un an,** year.

**ancien** (*f.* **-ienne**), former, old.

**un âne,** donkey.

**un ange,** angel.

**l'angoisse** (*f.*), distress; (time of) stress.

**angoissé,** agonized.

**s'animer,** to become animated, to liven, to brighten.

**une année,** year.

**un anniversaire,** birthday.

**annoncer,** to announce, to tell of.

**les antennes** (*f.*), antennae, feelers.

**anxieux,** anxious.

**août** (*m.*), August; harvest.

**apercevoir** (*conj. like* **recevoir**), to perceive, to catch sight of, to see; **s'apercevoir,** to notice.

**apparaître** (*conj. like* **connaître**), to appear.

**un appartement,** flat.

**appartenir** (*conj. like* **tenir**), to belong.

**un appel,** call.

**appeler,** to call; **s'appeler,** to be called (named).

**des applaudissements** (*m.*), applause, cheers.

**apporter,** to bring.

**apprendre** (*conj. like* **prendre**), to learn, to teach.

**apprêter,** to get ready.

**j'appris,** I learnt.

**approcher,** to approach; **s'approcher (de),** to approach, to come near, to go (come) up.

**appuyer,** to lean, to rest.

**après,** after; **peu après,** shortly after.

**un(e) après-midi,** afternoon.

**un arbre,** tree.

**un arbrisseau,** shrub, bush.

**l'ardeur** (*f.*), ardour; **avec ardeur,** energetically, with a will.

**l'argent** (*m.*), silver; money.

**armé,** armed.

**une armoire,** cupboard.

**arracher,** to pull out.

**arrêter,** to stop; **to arrest;** **s'arrêter,** to stop, to pause.

**en arrière,** backwards.

**une arrivée,** arrival.

**arriver,** to arrive; **to happen, to befall.**

**s'assembler,** to assemble, to gather.

**s'asseoir,** to sit down.

**assez,** fairly, rather; enough.

**une assiette,** plate.

**assis,** sitting; **je m'assis,** I sat down.

**assister (à),** to be present at, to witness.

**l'Assomption** (*f.*), Feast of the Assumption (August 15).

**un astre,** star.

**attacher,** to attach, to fasten.

**attaquer,** to attack.

**atteindre,** to hit, to strike; (*p. hist.* **j'atteignis**).

**attendre** (*conj. like* **vendre**), to await, to wait (for), to expect; **s'attendre à,** to expect.

**s'attendrir,** to soften, to be softened.

**une attente,** wait, expectation.

**attentif,** attentive.

**l'attention** (*f.*), attention; **attention!** be careful!

**attirer,** to attract, **to lure,** to draw towards.

**attraper,** to catch.

**une aubépine,** hawthorn.

**une auberge,** inn.

**aucun + ne,** none, not any, not one.

**au-dessous de,** below.

**au-dessus de,** above.

**aujourd'hui,** to-day.

**une aumône,** alms, charity.

**auparavant,** before.

**auprès de,** close to, with.

**l'aurore** (*f.*), dawn.

**aussi,** also, too; as, as well; (*beginning a sentence*) so, therefore; **aussi bien (que),** as well (as).

**aussitôt,** at once, immediately; **aussitôt que,** as soon as.

**autant,** as much, as many; **j'en fais autant,** I do the same.

**un auteur,** author, writer.

**une auto,** motor (-car).

**un autobus,** 'bus.

**un autorail,** Diesel rail-car.

**autour de,** round.

**autre,** other; **autre chose,** anything (something) else.

**autrefois,** formerly, in former times (days).

**un Autrichien,** Austrian.

**(s')avancer,** to advance, to come forward.

**avant,** before.

**avec,** with.

**une aventure,** adventure.

**aveugle,** blind.

**un avis,** opinion; **changer d'avis,** to change one's mind.

**ayant,** having.

**l'azur** (*m.*), azure.

# B

**le bac,** ferry(-boat).

**les bagages** (*m.*), luggage.

**le bagne,** convict station.

**le bahut,** chest.

**se baigner,** to bathe.

**le baigneur,** bather.

**le bain,** bath.

**baisser,** to lower; **se baisser,** to stoop, to bend down.

**le bal,** dance, ball.

**se balancer,** to sway, to wave.

**la ballade,** ballad.

**la balle,** bullet.

**le banc,** seat, bench.

**la bande,** band, crowd, gang.

**barbu,** bearded.

**la barre,** bar.

**la barrière,** (*farm*) gate.

**bas** (*f.* **basse**), low; **en bas,** down (-wards); **à voix basse,** quietly, in low tones.

**le bas,** stocking.

**la basse-cour,** poultry-yard, farm-yard.

**le bassin,** pond.

**la bataille,** battle.

**le bateau,** boat.

**le bâtiment,** building.

**bâtir** (*conj. like* **finir**), to build.

**le bâton,** stick, staff.

**battre,** to beat (on), to batter, to sweep; **se battre,** to fight.

**beau** (**bel** *before a vowel*), *f.* **belle,** beautiful, fine, handsome; **vous avez beau faire,** try as you may; **vous avez beau crier,** you may shout in vain.

**bêcher,** to dig.

**bénir,** to bless.

**bercer,** to sway.

**le berger,** shepherd.

**le besoin,** need; **avoir besoin,** to need.

**la bête,** animal, beast, creature; fool.

**le beurre,** butter.

**la bibliothèque,** library; book-case.

**la bicyclette,** bicycle.

**bien,** well; very, much; **eh bien,** well; **ou bien,** or else; **fort bien,** very good (well); **bien d'autres,** many others; **si bien que,** so that; **bien que** (+ *subj.*), although.

**bientôt,** soon.

**le bifteck,** beefsteak.

**le bijou** (*plur.* **-oux**), jewel.

**la bijouterie,** jeweller's shop.

**le bijoutier,** jeweller.

**le billet,** note; ticket.

**la bise,** wintry wind.

**blanc** (*f.* **blanche**), white.

**blanchir,** to whiten, to whitewash; **blanchi de frais,** newly whitewashed.

**le blé,** corn.

**blessé,** wounded, injured.

**la blessure,** wound.

**bleu,** blue.

**blond,** fair(-haired).

**le bœuf,** ox.

**boire,** to drink.

**le bois,** wood.

**la boisson,** drink.

**la boîte,** box, tin.

bon (*f.* bonne), good, kind, nice.
le bonbon, sweet.
le bond, bound, leap.
bondir (*conj. like* finir), to bound,
to leap.
le bonheur, happiness; good luck;
par bonheur, luckily; porter
bonheur, to bring luck.
le bonhomme, fellow, chap.
la bonne, maid.
le bonnet, cap; le bonnet de nuit,
night-cap.
bonsoir, good evening.
le bord, edge, bank; ship; à bord de,
on board.
le Bordelais, the region round Bordeaux.
border, to line, to fringe, to skirt.
la bouche, mouth.
le boucher, butcher.
la boucherie, butchery, butcher's
shop.
le bouclier, shield, buckler.
bouger, to move.
le boulanger, baker.
la boulangère, baker's wife.
la boulangerie, baker's shop.
la boule, ball.
le boulevard, boulevard.
le bourgeois, burgess, leading citizen.
le bourgeon, bud.
la Bourgogne, Burgundy.
la bouteille, bottle.
la boutique, shop.
la branche, branch.
le bras, arm.
la brassée, (*swimming*) stroke.
brave, brave; good, honest,
worthy; un brave, a brave man,
a man of courage.
bravo! bravo! well done!
la brebis, ewe, sheep.
brièvement, briefly.
le brigand, ruffian.
brillant, brilliant, in good fettle.
briller, to shine.
le brin, blade, whisp, stalk.
briser, to break, to smash.
la brouette, wheel-barrow.

le brouillard, fog.
bruire, to rustle.
le bruit, sound, noise.
brûler, to burn.
brun, brown.
brusquement, suddenly, quickly.
le buisson, bush.
buissonnière; faire l'école buissonnière, to play truant.
le bureau, office.
buvard; le papier buvard, blotting-
paper.

## C

ça, that.
çà et là, here and there; ah çà!
well now; dear! dear!
le cabinet de travail, study.
le cache-nez, scarf.
cacher, to hide, to conceal.
le cadeau, present, gift.
le café, coffee; café.
le cahier, exercise-book.
le caillou (*plur.* -oux), stone, pebble.
calme, calm, quiet.
se calmer, to calm down, to become
calm.
le (la) camarade, friend, crony.
la campagne, country.
canaliser, to canalize, to shut in.
le canif, pen-knife.
la canne, walking-stick.
le canon, cannon, gun.
le canot, (*small*) boat; le canot-
automobile, motor-boat.
capable, capable.
le capitaine, captain.
la capitale, capital.
la capote, (*car*) hood.
car, for.
caresser, to caress, to stroke.
la carte, card; map.
le carton, cardboard.
la casquette, cap.
casser, to break.
la casserole, saucepan.
la cause, cause; à cause de, because
of.
causer, to chat, to converse.

le cavalier, horseman.
la caverne, cave, cavern.
ceci, this.
céder, to give up, to hand (make) over.
la ceinture, belt.
cela, that.
célèbre, celebrated, famous.
cent, hundred.
cependant, however; meanwhile.
le cercle, circle, ring.
la cerise, cherry.
certain, certain; certainement, certainly.
cesse; sans cesse, unceasingly, constantly.
cesser, to cease, to stop.
ceux, those.
chacun(e), each (one).
le chagrin, sorrow, grief.
la chaise, chair.
le chalet, chalet, cottage.
la chambre (à coucher), bedroom; la femme de chambre, maid; la robe de chambre, dressing-gown.
le champ, field.
la Champagne, Champagne (province in N.E. of France).
le champignon, mushroom.
la chance, luck.
le changement, change.
changer, to change, to alter.
la chanson, song.
le chant, song.
chantant, singing, musical.
chanter, to sing; to chirp.
le chantier, work-yard.
chaque, each.
ce charabia, this nonsense.
charger, to load; to entrust.
la charité, charity.
charmant, charming.
la charrette, cart.
la chasse, hunt; aller à la chasse, to go shooting (hunting).
chasser, to hunt, to drive away.
le chasseur, hunter, sportsman.
le chat, cat.
le château, castle; country mansion.
chaud, warm.

le chaume, thatch, thatched roof.
la chaussette, sock.
les chaussures (f.), boots, shoes, footwear.
la chauve-souris, bat.
le chef, chief, leader; le chef de gare, station-master; le chef de train, guard.
le chemin, road, way; chemin faisant, on the way; en chemin, on the way; le chemin de fer, railway.
la cheminée, chimney; fireplace.
la chemise, shirt.
le chêne, oak.
cher, dear.
chercher, to seek, to look for, to get; aller chercher, to go and get, to fetch.
le cheval (plur. -aux), horse; le petit cheval, pony.
le chevalier, knight.
les cheveux (m.), hair.
la chèvre, goat.
le chevreau, kid.
chez, at (to) the house (place) of.
le chien, dog.
le chiffon, rag.
le chiffre, figure.
choisir (conj. like finir), to choose.
le choix, choice.
la chose, thing.
le chou (plur. -oux), cabbage.
la chute, fall.
le cidre, cider.
la cigale, cicada; grasshopper.
le cimetière, cemetery.
les ciseaux (m.), scissors.
la cité, city.
le citoyen, citizen.
clair, clear, light; clairement, clearly.
la clef, key.
le client, customer, client.
la cloche, bell.
le clocher, church tower.
la coccinelle, ladybird.
le cochon, pig.
le cœur, heart.
coiffé de, wearing (on the head).

216

le coiffeur, hairdresser.
le coin, corner.
la colère, anger, rage, temper; se
    mettre en colère, to get angry,
    to get into a temper.
le collège, (grammar) school.
la colline, hill.
    combattre (*conj. like* **battre**), to
    fight.
    combien, how much, how many.
    combler, to fill in (up).
    comme, as, like, how; comme
    étonné, as though surprised.
le commencement, beginning.
    commencer, to begin, to com-
    mence.
    comment? how? comment!
    what!
le commerce, trade, business.
    commettre (*conj. like* **mettre**), to
    commit.
la commission, errand.
    commode, convenient; easy to
    manage.
la commune, commune (*similar to*
    *parish*).
nos compagnes, our women-folk.
le compagnon, companion.
le compartiment, compartment.
le complet, suit.
    comprendre (*conj. like* **prendre**),
    to understand.
    compter, to count, to reckon; to
    expect.
le comte, Count; la comtesse, Coun-
    tess.
    concevoir (*conj. like* **recevoir**), to
    conceive.
le (la) concierge, caretaker, porter.
    conduire, to lead, to take; to
    guide, to drive.
la confiture *or* les confitures, jam.
    confondu, confused, mixed up.
le congé, leave, holiday.
la connaissance, acquaintance.
    connaître, to know.
    connu, known.
le conseil, (piece of) advice.
    conseiller, to advise.
    consentir, to consent.

la conservation, preservation.
la consigne, luggage-room.
    consoler, to console, to comfort.
    construire (*conj. like* **conduire**), to
    construct, to build.
le conte, tale.
    contenir (*conj. like* **tenir**), to
    contain.
    content, glad, pleased.
    continuellement, continually.
    continuer, to continue, to go on.
    contre, against; along by; chan-
    ger contre, to change for.
le contrevent, shutter.
le contrôleur, ticket inspector.
    convenable, proper, suitable.
    convenir, to suit; comme il
    convient, as is fitting.
le corbeau, crow.
la corde, rope.
la corne, horn.
le corps, body.
la Corse, Corsica.
le costume, suit, costume; en cos-
    tume de, dressed as.
le côté, side; à côté de, at the side
    of, beside; de côté, aside; de
    ce côté, on this side; du côté de,
    in the direction of; à vos côtés,
    at your side.
le cou, neck.
    couchant, setting; le couchant,
    western sky.
    coucher, to sleep; to set (*of the
    sun*); se coucher, to lie down,
    to go to bed.
    couler, to flow.
le coup, blow, stroke; shot; un coup
    sec, a sharp tap, a rap; un coup
    de feu, shot; tout à coup,
    suddenly.
    couper, to cut.
la cour, yard; courtyard.
    courageux, brave, courageous.
le courant, current.
    courir, to run (about).
le cours d'eau, stream.
la course, errand, call.
    court, short; tourner court, to
    turn sharply.

le cousin, (*f.* la cousine), cousin.
le couteau, knife.
coûter, to cost.
coutumier (*f.* - ière), customary, usual.
le couvercle, lid, cover.
couvert, covered.
le couvert, place at table; mettre le couvert, to lay the table.
couvrir (*conj. like* ouvrir), to cover.
la craie, chalk.
craindre, to fear, be afraid.
se cramponner, to cling.
le crapaud, toad.
la cravate, tie.
le crayon, pencil.
creuser, to dig.
le creux, hollow.
le cri, cry, shout; "cri" (*sound*), "cheep".
le cri-cri, familiar name for the cricket: "cheeper".
crier, to shout, cry out, call out.
la crinière, mane.
croire, to think, to believe.
la croisière, cruise.
la croix, cross.
cru, thought, believed.
cruel, cruel; cruellement, cruelly.
cueillir, to gather, to pick.
la cuiller (*or* cuillère), spoon.
le cuir, leather.
cuisant, cooking.
la cuisine, kitchen; cooking.
la cuisinière, cook.
cultiver, to cultivate.
le curé, (parish) priest.
curieux, curious, strange, queer.


## D

d'abord, at first, first of all.
d'ailleurs, moreover, besides.
d'alentour, round about.
dangereux, dangerous.
danser, to dance.
d'après, after, according to.
dater, to date.

le Dauphin, Dauphin (*heir to the throne*).
davantage, more.
débarquer, to disembark, to come ashore; to set down.
se débattre (*conj. like* battre), to struggle.
debout, standing, upright.
deçà delà, here and there; hither and thither.
la déception, disappointment.
décerner, to award.
déchirer, to tear, to rend.
décidément, decidedly, to be sure.
décider, to decide, to induce.
découvrir, to discover, to uncover.
décrire, to describe.
(en) dedans, inside.
le défaut, fault.
défendre, to defend; to forbid.
dehors, outside; en dehors, au dehors, out, outside.
déjà, already.
déjeuner, to lunch, to have lunch.
délicieux, delicious, delightful.
demain, to-morrow.
la demande, request.
demander, to ask (for); se demander, to wonder.
démesuré, vast, huge.
demeurer, to stay, to remain, to live.
à demi, half.
la demi-heure, half an hour.
la demoiselle, young lady.
la dent, tooth; le mal aux dents, toothache.
le départ, departure.
dépasser, to stick out.
la dépêche, telegram.
se dépêcher, to hurry (up), to hasten.
dépenser, to spend, to expend.
déplaire, to displease; ne vous déplaise, with all deference to you.
déposer, to put down.
dépourvu, destitute.
depuis, since, from.
déranger, to disturb.
dériver, to drift.

218

dernier (*f.* -ière), last.
dérober, to steal.
derrière, behind.
descendre (*conj. like* vendre), to descend, to go (come) down; faire descendre, to lower, to pass down.
désirer, to desire, to want.
le désordre, disorder.
dès que, as soon as.
le dessin, drawing.
dessous, under; en dessous, underneath.
dessus, on (top).
détourner, to turn aside, to alter the course of.
détruire, to destroy.
devant, before, in front (of).
devenir (*conj. like* venir), to become.
deviner, to guess, to surmise.
je devins, I became.
devoir, to owe; devoir (faire), to have to; le devoir, duty.
le diamant, diamond.
Dieu, God; le bon Dieu, the Almighty.
différer, to differ.
difficile, difficult, hard.
digne, worthy.
diligent, busy, quick.
(le) dimanche, Sunday.
diminuer, to diminish, to lessen, to fade away, to wane.
dire, to say, to tell.
le directeur, director, manager; headmaster.
diriger, to direct, to guide, to steer; se diriger vers, to go towards, to make for.
le discours, speech, discourse.
disparaître (*conj. like* connaître), to disappear.
distinguer, to distinguish, to make out.
la distribution des prix, Prize Day, Speech Day.
diviser, to divide, to separate.
le doigt, finger.
le (la) domestique, servant.

dommage; c'est dommage, it is a pity.
donc, therefore, so, then, accordingly.
donner, to give; donner sur, to overlook, to give (open) on to.
dont, whose, of whom, of which.
dorer, to gild.
dormir (*conj. like* servir), to sleep.
le dos, back.
d'où, from where, whence.
le douanier, customs officer.
doucement, gently, softly, quietly.
la douleur, pain, sorrow.
le doute, doubt; sans doute, doubtless, very likely; sans aucun doute, without any doubt.
doux (*f.* douce), sweet, gentle, mild.
le drap, sheet.
dresser, to raise; se dresser, to rise, to stand up.
droit, right, straight.
drôle, funny, queer.
dû, *past part. of* devoir.
le ducat, ducat.
dur, hard.
durer, to last.

# E

l'eau (*f.*), water.
les ébats, sport, frolics.
éblouir (*conj. like* finir), to dazzle.
s'échapper, to escape.
une échelle, ladder.
échevelé, dishevelled, with tousled hair.
un éclair, flash of lightning.
éclairer, to light up, to illumine.
éclater, to burst (out), to explode; éclater de rire, to burst out laughing.
un écolier, schoolboy.
un Écossais, Scotsman.
écouter, to listen (to).
écraser, to crush.
s'écrier, to exclaim, to call out.
écrire, to write.
un écu, crown (*coin*).

219

une **écurie**, stable.
un **édifice**, building.
en **effet**, indeed, in fact.
**effrayer**, to frighten, to scare; s'**effrayer**, to get frightened.
**égal**, equal.
s'**égarer**, to lose one's way.
un **églantier**, wild rose.
une **église**, church.
**égorger**, to slay.
s'**élancer**, to leap, to rush forward.
**élégant**, elegant, smart.
un(e) **élève**, pupil.
s'**élever**, to arise, to get up.
un **élytre**, shard.
**embarrasser**, to embarrass, to be a trouble to.
une **embouchure**, mouth (*of a river*).
**embrasser**, to embrace, to kiss.
une **émeraude**, emerald.
**emmener**, to take, lead away.
une **émotion**, emotion, rush of feeling; excitement.
**empêcher**, to prevent, to stop.
**emplir**, to fill.
un **employé**, employee; clerk, assistant; station porter.
**employer**, to employ, to use.
**emporter**, to carry away, to take.
**emprunter**, to borrow.
une **emprunteuse**, borrower.
**ému**, moved, thrilled.
**enchanter**, to enchant, to cast a spell over.
un **enchanteur**, enchanter, sorcerer.
**encore**, yet, still, again, further; **encore une minute**, another minute.
**endimanché**, dressed in one's Sunday best.
**endormi**, asleep, sleeping.
s'**endormir**, to go to sleep.
un **endroit**, place.
**énergique**, energetic.
**enfermer**, to shut in.
**enfin**, finally, at last.
**enfoncer**, to sink, to go down.
s'**enfuir**, to flee.
**enlever**, to carry (sweep) away.

un **ennemi**, enemy.
**ennuyer**, to bore, to worry, to annoy; s'**ennuyer**, to be bored.
**énoncer**, to state, to read out.
**énorme**, huge, enormous; **énormément**, enormously.
**enregistrer**, to register.
**enrhumé**; **être enrhumé**, to have a cold.
**enroué**, hoarse, gruff.
**enseigner**, to teach.
**ensemble**, together.
**ensuite**, then, afterwards.
**entendre** (*conj. like* **vendre**), to hear; to understand; **entendre parler de**, to hear of; **faire entendre**, to make heard, to sound.
**entendu**; **c'est entendu!** it is agreed! **bien entendu**, of course.
**entier**, whole, entire.
**entourer**, to surround.
**entre**, between.
une **entrée**, entrance.
**entrer** (**dans**), to enter, to go (come) into.
**entrevoir**, to get a glimpse of, to make out.
**envahir**, to invade.
une **enveloppe**, envelope.
**envelopper**, to wrap (up).
l'**envie** (*f.*), envy; want, desire; **avoir envie de** (**faire**), to want to (do), to feel inclined to (do).
les **environs** (*m.*), surroundings.
s'**envoler**, to fly away, to take wing.
**envoyer**, to send.
**épais** (*f.* **épaisse**), thick.
l'**épaisseur** (*f.*), thickness, denseness.
une **épaule**, shoulder.
une **épée**, sword.
**éperdu**, distracted, bewildered.
un **éperon**, spur.
une **épicerie**, grocer's shop.
un **épicier**, grocer.
**éploré**, weeping.
une **époque**, time.
**épouser**, to marry.

les époux (m.), husband and wife, married couple.
éprouver, to feel, to experience.
errer, to wander.
une erreur, error, mistake.
un escalier, stairs, staircase.
un escroc, crook.
l'Espagne (f.), Spain.
espagnol, Spanish.
une espèce, kind, species.
l'espérance (f.), hope.
espérer, to hope.
essayer, to try.
essuyer, to wipe.
l'est (m.), East.
une estrade, platform.
une étable, (cow-)shed.
établir (conj. like finir), to establish.
un étage, floor, storey.
les États-Unis, United States.
l'été (m.), summer.
été, been.
éteindre, to extinguish, to put out.
un étendard, standard, banner.
étendre, to stretch; étendu, stretched, lying.
étinceler, to glisten, to sparkle.
une étoile, star; coucher à la belle étoile, to sleep in the open.
étonner, to surprise, to astonish; s'étonner, to be surprised.
étrange, strange.
étranger, foreign; un étranger, stranger, foreigner.
être, to be; un être, being, creature.
étroit, narrow.
les études (f.), studies.
européen, European.
s'évanouir, to faint, to swoon.
s'évaporer, to evaporate, to be dispelled.
éveiller, to waken; s'éveiller, to rouse, to wake up.
un événement, event, happening.
un évêque, bishop.
évidemment, evidently, obviously.
un examen, examination.

une excuse, excuse.
excuser, to excuse; s'excuser, to excuse oneself, to apologize.
exécuter, to execute, to carry out.
expliquer, to explain, to account for.
un exploit, exploit, feat.
exposer, to expose.
exprès, on purpose.
un express, fast train (stopping at main stations).
exténué, exhausted, dead beat.
extrêmement, extremely.

## F

le fabricant, maker, manufacturer.
la fabrique, factory.
fâché, annoyed, angry, vexed.
fâcher, to annoy, to upset; se fâcher, to get vexed (angry).
facile, easy.
la façon, way, fashion.
le facteur, postman.
le fagot, faggot (bunch of brushwood).
faible, weak.
la faim, hunger; j'ai faim, I am hungry.
faire, to make, to do.
fait; tout à fait, quite, completely.
il fallait, it was necessary.
la famille, family.
le fantôme, phantom, ghost.
la farce, practical joke, trick.
le fardeau, burden.
la farine, flour.
fatiguer, to tire, to fatigue.
il faudra, it will be necessary.
il faut, it is necessary; que te faut-il? what do you want?
le fauteuil, arm-chair.
faux (f. fausse), false.
fécond, fruitful.
féliciter, to congratulate.
la femme, woman, wife; la femme de chambre, maid.
la fenêtre, window.
le fer, iron.
la ferme, farm.
fermer, to close, to shut.

le fermier, farmer; la fermière, farmer's wife.
féroce, fierce.
fertile, fertile.
la fête, feast-day, holiday.
le feu, fire; faire feu, to fire.
le feuillage, foliage.
la feuillée, leafy trees, leafy boughs.
fidèle, faithful.
fier, proud; bold, doughty.
la figure, face.
figurer, to figure.
la fillette, (little) girl.
le fils, son.
la fin, end.
fin, delicately formed.
finir, to finish.
le firmament, firmament, sky.
je fis, I made (*p. hist. of* faire).
fixer, to fix.
le flambeau, torch.
la flamme, flame.
flétri, withered.
la fleur, flower.
le fleuve, (*great*) river.
les flots (*m.*), waves, waters.
la flûte, flute.
la foi, faith; ma foi! upon my word!
la foire, fair.
la fois, time; à la fois, at once, at the same time.
folle (*f. of* fou), wild, mad, crazed.
le fond, bottom; au fond de, at the bottom (back *or* end) of; du fond de, from the depths of.
fondre sur, to sweep (bear) down upon.
le forçat, convict.
la force, force, strength; les forces, strength.
forcer, to force.
la forêt, forest.
former, to form.
formidable, formidable, terrific.
frais (*f.* fraîche), fresh; blanchi de frais, newly whitewashed.
franchir, to clear, to pass over, to cross.
frapper, to knock, to hit, to strike.
fréquenter, to frequent, to attend.

le frère, brother.
froid, cold.
le fromage, cheese.
le front, forehead.
la frontière, frontier.
le fruitier, fruiterer.
le fugitif, fugitive.
fuir, to flee, to fly.
la fumée, smoke.
fumer, to smoke.
le fumier, manure.
furieux, furious.
le fusil, gun, rifle.
vous fuyez, you flee (*verb* fuir).

# G

gagner, to gain, to win, to earn; to reach.
gai, gay, jolly, bright.
gaiement, gaily, cheerfully.
la gaîté, gaiety, good spirits.
le Gallois, Welshman.
le gant, glove.
le garçon, boy, lad; waiter.
la garde, guard; monter la garde, to mount guard.
le garde-chasse, gamekeeper.
garder, to keep, to guard, to tend, to watch over; se garder de (faire), to be careful not to (do).
le gardien, keeper.
la gare, station.
le gâteau, cake.
gâter, to spoil.
gauche, left.
le géant, giant.
il gèle, it freezes.
le gémissement, groan.
le gendarme, patrolling constable.
la gendarmerie, police-station.
généralement, generally.
le genou (*plur.* -oux), knee; à genoux, kneeling; on one's knees.
les gens, people, folk.
gentil (*f.* -ille), nice, sweet.
gentiment, nicely.
le geste, gesture, movement; feat.
le gilet, waistcoat.

222

la glace, mirror.
glisser, to slip, to slide; se glisser, to glide, to creep.
la gloire, glory.
la gomme, rubber.
la gourmette, curb.
le goût, taste; liking.
goûter, to taste, to appreciate.
la goutte, drop.
gouverner, to manage.
grâce à, thanks to; de grâce, please.
le grain, grain, bit.
grandir, to grow (up).
la grand'mère, grandmother.
le grand-père, grandfather.
les grands-parents, grandparents.
gras (f. grasse), fat.
grave, grave, serious; gravement, gravely, solemnly.
gravir (conj. like finir), to climb.
la grenouille, frog.
le grillon, cricket.
grimper, to climb.
gris, grey.
gronder, to scold, to grumble at.
gros (f. grosse), big, stout.
guère; ne . . . guère, hardly, scarcely.
la guerre, war.

## H

(Words beginning with *h aspirée* are marked with an asterisk.)

habillé, dressed.
s'habiller, to dress.
un habit, coat; les habits, clothes.
un habitant, inhabitant, denizen.
habiter, to inhabit, to live in.
une habitude, habit.
habituel (f. -elle), usual, habitual.
la *hache, axe.
la *haie, hedge.
le *hameau, hamlet.
la *hardiesse, boldness.
harmonieux, harmonious, sweet-sounding.
*haut, high; loud; en haut de, at the top of; up.

*hélas, alas.
l'herbe (f.), grass.
un héritage, inheritance.
le *héros, hero.
hésiter, to hesitate.
le *hêtre, beech-tree.
une heure, hour; time; de bonne heure, early; tout à l'heure, just now, presently; à l'heure qu'il est, now, at present.
heureusement, happily, fortunately, luckily.
heureux, happy.
le *hibou (*plur.* -oux), owl.
hier, yesterday.
une hirondelle, swallow.
une histoire, story, yarn.
l'hiver (m.), winter.
la *honte, shame; avoir honte, to be ashamed.
une horloge, (*big*) clock.
un horloger, watchmaker.
hors de, out of.
un hôtel, hotel; l'hôtel de ville, town hall.
l'humeur (f.), humour; de bonne humeur, in a good humour.
humide, moist, damp.
le *hurlement, shout, yell, howl.
*hurler, to howl.

## I

ici, here.
une idée, idea.
une île, island.
une image, picture, image.
s'imaginer, to imagine.
un imbécile, fool.
immense, vast.
immobile, motionless, still.
impertinent, impertinent, rude.
importer, to matter; n'importe, no matter; n'importe quel, any.
imprudent, unwise.
impur, impure, foul.
inaperçu, unperceived.
incapable, incapable, powerless.
un incendie, fire.
l'incertitude (f.), uncertainty.

**inconnu,** unknown; **un inconnu,** stranger.

**une indication,** indication, sign.

**indigné,** indignant.

**indiquer,** to indicate, to show.

**indulgent,** indulgent, easy-going, soft.

**ingrat,** ungrateful.

**inhumain,** inhuman, callous.

**inoubliable,** unforgettable.

**inquiet,** anxious, worried.

**s'inquiéter,** to worry, to get disturbed.

**inscrire,** to write down.

**insister,** to insist.

**installer,** to instal, to settle.

**instruit,** learned, well-educated.

**intact,** untouched.

**intelligent,** intelligent, clever, sensible.

**intéressant,** interesting.

**interloqué,** taken aback, flabbergasted.

**interminable,** interminable, endless.

**interroger,** to question.

**interrompre** (*conj. like* **rompre**), to interrupt.

**inutile,** useless.

**inviter,** to invite.

**j'irai,** I shall go (*fut. of* **aller**).

**J**

**jadis,** formerly, in the old days.

**jamais** + **ne,** never.

**la jambe,** leg.

**le jambon,** ham.

**le jardin,** garden.

**le jardinier,** gardener.

**jaune,** yellow; brown (*shoes*).

**jeter,** to throw, to fling.

**le jeu** (*plur.* **les jeux**), game.

**(le)jeudi,** Thursday.

**la jeunesse,** youth.

**la joie,** joy.

**joignant,** joining, clasping.

**joindre** (*conj. like* **craindre**), to join.

**joliment,** prettily, nicely.

**la joue,** cheek.

**jouer,** to play.

**le jouet,** toy.

**le joueur,** player.

**le jour,** day, daylight; **il fait jour,** it is (gets) light; **de nos jours,** in our day.

**le journal,** newspaper.

**la journée,** day.

**jovial,** jovial, merry.

**joyeux,** joyful, merry; **joyeusement,** joyfully, cheerfully.

**juger bon de (faire),** to find fit to (do).

**la jupe,** skirt.

**jusque,** even, right; **jusqu'à,** as far as, until, to; **jusqu'à ce que** (+ *subj.*), until; **jusqu'ici,** thus far, as far as this.

**juste** (*adj.*), right, fair; (*adv.*) just.

**L**

**là,** there; (*sometimes*) here.

**là-bas,** yonder, over there.

**labourer,** to plough.

**le laboureur,** ploughman.

**le lac,** lake.

**lâche,** cowardly; **le lâche,** coward.

**lâcher,** to loose, to let go.

**là-dedans,** in there.

**là-dessus,** thereupon.

**là-haut,** up there, up yonder.

**laid,** ugly.

**la laine,** wool.

**laisser,** to let, to allow.

**le lait,** milk.

**lamentable,** lamentable, piteous.

**la lance,** lance.

**lancer,** to throw, to hurl.

**le langage,** speech, language.

**la langue,** tongue, language.

**le lapin,** rabbit.

**le lard,** bacon.

**large,** wide, broad.

**la larme,** tear.

**la larve,** larva.

**las** (*f.* **lasse**), weary.

**laver,** to wash.

**léger** (*f.* **-ère**), light, slight.

le légume, vegetable.
le lendemain, the morrow, next day.
lent, slow; lentement, slowly.
lever, to raise; se lever, to rise,
to get up.
la lèvre, lip.
libérer, to liberate, to free.
le libraire, bookseller.
libre, free, unoccupied; librement,
freely.
le lieu, place; avoir lieu, to take
place; au lieu de, instead of.
la lieue, league (4 kil. or 2½ miles).
le lièvre, hare.
le linge, linen.
lire, to read.
le lit, bed.
livide, livid.
livrer, to deliver; livrer bataille,
to give battle.
le logement, lodging.
loin, far; au loin, in the distance,
far away, afar.
lointain, distant, far-away.
long (f. longue), long; de long en
large, up and down; le long de,
along, down; de tout son long,
full length.
longtemps, a long time.
longuement, (for) a long time.
lourd, heavy.
lu, read.
la lucarne, sky-light.
la lueur, glimmer, gleam.
luire, to shine, to glimmer, to
glisten; (imperf. il luisait).
la lumière, light.
les lunettes, spectacles, glasses.
je lus, I read.
le lycée, (high) school.

# M

le magasin, (large) shop.
maigre, thin.
la main, hand.
maintenant, now.
le maire, mayor; la mairesse,
mayor's wife.

la mairie, Council House; mayor's
offices.
mais, but; mais non, oh no.
la maison, house, home; building.
le maître, master.
la maîtresse, mistress.
mal, badly; le mal, harm, ill,
damage; faire mal, to hurt;
avoir mal aux dents, to have
toothache; ni bien ni mal, so so.
malade, ill, sick, bad; le (la)
malade, ill (sick) person;
patient.
malgré, in spite of.
le malheur, unhappiness, woe.
malheureux, unhappy, unfortu-
nate.
la malle, trunk.
(la) maman, mother, mummy.
la Manche, English Channel.
manger, to eat.
la manière, manner, way.
manquer, to miss, to fail; manquer (faire), nearly to (do).
le manteau, coat.
le marchand, merchant, shopkeeper.
la marchandise, goods; un train de
marchandises, goods-train.
le marché, market; deal; par-dessus
le marché, into the bargain; la
place du marché, market-place.
marcher, to walk; (of vehicles) to
go, to travel.
(le) mardi, Tuesday; le mardi-gras,
Shrove Tuesday.
le mari, husband.
se marier, to marry, to get married.
le marin, sailor.
la marmite, stew-pot.
le marquis, Marquis.
le marteau, hammer.
martyriser, to put to death.
la masse, mass, big shape.
le matelot, sailor, seaman.
le matin, morning; de bon matin,
early in the morning.
la matinée, morning.
mauvais, bad.
méchant, naughty, spiteful,
wicked.

225

**mécontent,** displeased.

**le médecin,** doctor.

**la Méditerranée,** the Mediterranean.

**meilleur,** better; **le meilleur,** best.

**mêler,** to mix, to mingle.

**même** (*adj.*), same; (*adv.*) even; **tout de même,** all the same.

**la menace,** threat.

**menacer,** to threaten.

**le ménage,** household.

**la ménagère,** housewife.

**la ménagerie,** menagerie.

**le mendiant,** beggar.

**mendier,** to beg.

**mener,** to lead, to take.

**mentir** (*conj. like* **servir**), to lie.

**le menu,** menu.

**la mer,** sea.

**merci,** thanks, thank you.

**mériter,** to deserve.

**la merveille,** marvel; **le pays des merveilles,** Wonderland.

**merveilleux,** marvellous, wonderful.

**la messagère,** messenger.

**le métier,** job, occupation, trade, profession.

**mettre,** to put (on); **mettre à la porte,** to turn out; **se mettre à (faire),** to start to (do).

**le meuble,** piece of furniture; **les meubles,** furniture.

**meugler,** to low, to moo.

**midi,** midday, noon; **le Midi de la France,** the South of France.

**le mien** (*f.* **la mienne**), mine.

**mieux** (*adv.*), better; more comfortable; **le mieux,** best.

**au milieu de,** in the middle of, among.

**mille,** thousand.

**la mine,** (i) look, appearance; **faire mine de (faire),** to make as though to (do); (ii) **la mine,** mine.

**minuit,** midnight.

**je mis** (*p. hist. of* **mettre**), I put.

**misérable,** wretched, miserable.

**modeste,** modest, lowly.

**moelleux,** soft, yielding.

**(le) moindre,** smallest, slightest.

**moins,** less; **de moins en moins,** less and less; **à moins que,** unless.

**le mois,** month.

**la moitié,** half.

**le moment,** moment, while, time.

**le monde,** world; **tout le monde,** everybody.

**la monnaie,** money; change.

**monseigneur,** my lord.

**le monsieur,** gentleman.

**le monstre,** monster.

**la montagne,** mountain.

**en montant,** up.

**monter,** to go (get) up, to mount.

**la montre,** watch.

**montrer,** to show.

**le monument,** monument.

**se moquer (de),** to mock, to laugh at, to make fun of.

**le morceau,** piece, bit.

**mordre** (*conj. like* **vendre**), to bite.

**la mort,** death; **mettre à mort,** to put to death.

**mort,** dead, died.

**le mot,** word.

**mou** (*f.* **molle**), soft.

**la mouche,** fly.

**le mouchoir,** handkerchief.

**la mouette,** sea-gull.

**mouiller,** to moisten, to wet.

**le moulin à vent,** windmill.

**mourir,** to die.

**la mousse,** moss.

**la moutarde,** mustard.

**le mouton,** sheep.

**le mouvement,** movement, motion.

**mouvoir,** to move; **faire mouvoir,** to work.

**mugir,** to roar.

**le mur,** wall.

**mûr,** ripe.

**mûrir,** to ripen.

**murmurer,** to murmur, to complain.

**N**

**nager,** to swim.

**naître,** to be born.

la nappe, table-cloth.
il naquit, he was born.
natal, native, of one's birth.
la nation, nation.
naturellement, naturally, of course.
le navire, ship.
né, born.
la neige, snow.
il neige, it snows.
net (f. nette), clear, sharp; arrêté net, stopped dead.
nettoyer, to clean.
neuf (f. neuve), new.
le neveu, nephew.
le nez, nose.
ni . . . ni (+ ne before the verb), neither . . . nor; ni bien ni mal, so so.
la niche, kennel.
le nid, nest.
le nigaud, noodle, silly.
n'importe quel, any.
(la) Noël, Christmas.
noir, black.
le nom, name.
le nombre, number.
nombreux, numerous.
nommer, to name.
le nord, north.
la note, note; bill.
nourrir (conj. like finir), to feed.
la nourriture, food.
nouveau (nouvel before a vowel), f. nouvelle, new; le nouveau venu, newcomer; de nouveau, again, afresh.
la nouvelle, piece of news; les nouvelles, news.
le noyé, drowned (or drowning) man.
se noyer, to drown, to be drowned.
nu, bare.
la nuit, night; à la nuit tombante, at nightfall.
nul (f. nulle), no, none.
le numéro, number (in a series).

## O

obéir (conj. like finir), to obey.
un objet, object.

obligé, obliged, compelled.
obliger, to oblige, to compel, to be compelling.
obtenir (conj. like tenir), to obtain.
occupé, busy.
occuper, to occupy, to keep occupied; s'occuper de, to concern oneself with, to look to.
une occurrence, occurrence, happening.
un océan, ocean.
un œil (plur. des yeux), eye.
un œuf, egg.
une œuvre, work.
offert, offered.
une offre, offer.
offrir (conj. like ouvrir), to offer.
une oie, goose.
un oiseau, bird.
une ombre, shadow; darkness.
une omelette, omelet.
omnibus; un train omnibus, slow (or local) train.
un oncle, uncle.
une onde, water, wave.
opposé, opposite.
l'or (m.), gold.
ordinaire, ordinary, usual.
un ordre, order.
une oreille, ear.
un os, bone.
oser, to dare.
ôter, to take off.
ou, or; ou bien, or else.
oublier, to forget.
l'ouest (m.), west.
ouvert, open.
un ouvrier, workman.
ouvrir, to open.

## P

la paille, straw.
le pain, bread; loaf; le petit pain, (bread) roll.
la paire, pair.
paisible, peaceful, quiet.
la paix, peace.
le palais, palace.
pâle, pale, white-faced.

la pâleur, pallor, paleness.

pâlir, to pale, to turn pale.

la palme, palm, frond.

palpitant, throbbing.

le panier, basket.

la pantoufle, slipper.

le papier, paper.

le papillon, butterfly.

le paquebot, steamer, liner.

Pâques, Easter.

le paquet, packet, parcel; bundle.

par, by, through.

le paradis, Paradise.

paraître (*conj. like* connaître), to appear, to seem, to look (like).

le parapluie, umbrella.

le parc, park; (pig-)sty.

parce que, because.

parcourir (*conj. like* courir), to travel over.

par-dessus, over; par-dessus le marché, into the bargain; le pardessus, overcoat.

pardon! excuse me.

pareil (*f.* -eille), alike; such.

le parent, parent; relative.

paresseux, lazy.

parfait, perfect.

parfumé, perfumed, sweet-smelling.

parier, to wager, to bet.

le Parisien, Parisian.

parler, to speak, to talk.

parmi, among.

la parole, word.

la part, share; quelque part, somewhere.

partager, to share.

particulier, peculiar, special.

la partie, part; faire partie de, to belong to.

partir (*conj. with* être), to depart, to start, to go away; à partir de, (starting) from.

partout, everywhere.

il parut, he appeared.

parvenir (*conj. like* venir), to succeed, to manage.

pas, not.

le pas, pace, step, footstep.

au passage, as I (he, we, etc.) went.

le passager, passenger.

le passant, passer-by.

le passeport, passport.

passer, to pass, to spend (*time*); se passer, to happen, to go on, to pass off.

patatras! crash! bang!

la patience, patience.

le pâtissier, pastry-cook, confectioner.

la patrie, Fatherland.

patriotique, patriotic.

le patron, boss, employer.

la patte, foot, paw, leg (*of an animal*).

pauvre, poor.

payer, to pay (for).

le pays, country, land; district; place; le Pays de Galles, Wales.

le paysage, landscape, country scene.

le paysan, peasant, countryman; la paysanne, peasant woman, countrywoman.

la peau, skin.

la pêche, (i) peach; (ii) fishing.

le pêcheur, fisherman.

la peine, trouble, difficulty, hardship; à peine, hardly, scarcely.

la pelouse, lawn.

se pencher, to lean, to bend, to slope, to incline.

pendant, during, for; pendant que, while.

pendre (*conj. like* vendre), to hang.

pendu, hung, hanging.

la pendule, clock (*in a house*).

penser, to think.

la pente, slope.

la Pentecôte, Whitsuntide.

perdre (*conj. like* vendre), to lose.

le père, father; le père X, old X.

périlleux, perilous.

la perle, pearl.

permettre (*conj. like* mettre), to permit, to allow.

le perroquet, parrot.

le personnage, character (*in a play*).

la personne, person; personne + ne, nobody.

**petit,** small, little; **le petit,** little one, boy, child.

**le petit-fils,** grandson.

**peu,** little, few; **un peu,** a little; **peu à peu,** little by little, gradually; **peu après,** shortly after; **écoutez un peu,** just listen.

**le peuple,** (ordinary) people.

**la peur,** fear; **avoir peur,** to be afraid; **faire peur,** to frighten, to scare.

**peut-être,** perhaps.

**la pharmacie,** chemist's shop.

**le pharmacien,** chemist.

**la phrase,** sentence.

**la pièce,** room; coin; **la pièce de monnaie,** coin.

**le pied,** foot; **à pied,** on foot; **prendre pied,** to get a footing.

**la pierre,** stone.

**la pipe,** pipe.

**piquer,** to prick; **piquer du nez,** to dive, to go straight in.

**pis** (*adv.*), worse; **tant pis,** so much the worse; it can't be helped.

**la place,** (public) square; place; seat; **à votre place,** in your place; **la place du marché,** market-place.

**placer,** to place.

**la plage,** beach.

**plaindre** (*conj. like* **craindre**), to pity; **se plaindre,** to complain.

**la plaine,** plain.

**la plainte,** lament.

**plaintif,** plaintive, whimpering.

**plaire,** to please; **s'il vous plaît,** if you please; **plaît-il?** I beg your pardon?

**plaisanter,** to joke.

**le plaisir,** pleasure.

**la planche,** plank, board.

**le plancher,** floor.

**la plante,** plant.

**planter,** to plant.

**plat,** flat.

**le plat,** dish.

**plein,** full; **en plein,** straight into, head on; **en pleine mer,** in the open sea.

**pleurer,** to weep, to cry.

**pleuvoir,** to rain; **il pleut,** it rains; **il pleuvra,** it will rain.

**plonger,** to plunge, to dive.

**la pluie,** rain.

**la plume,** pen.

**la plupart,** most.

**plus,** more; **ne ... plus,** no more, no longer; **de plus,** in addition; **non plus,** either.

**plusieurs,** several.

**la poche,** pocket.

**le poids,** weight.

**le poignard,** dagger.

**le poil,** hair.

**poindre,** to start, to break.

**le point,** point, dot, speck.

**la poire,** pear.

**le poisson,** fish.

**la poitrine,** chest.

**poli,** polite; **poliment,** politely.

**la politesse,** politeness.

**la pomme,** apple; **la pomme de terre,** potato.

**le pont,** bridge.

**populeux,** populous, crowded.

**le porc,** pig, hog.

**le port,** port.

**la porte,** door; **mettre à la porte,** to turn out.

**le portefeuille,** wallet.

**le porte-monnaie,** purse.

**le porte-plume,** pen; **le porte-plume à réservoir,** fountain pen.

**porter,** to carry; to take.

**poser,** to put; **poser une question,** to ask a question.

**posséder,** to possess, to own.

**le poste de police,** police station.

**la poste,** post, post-office.

**le poteau,** post, stake.

**le poulailler,** fowl-house, hen-roost.

**le poulet,** chicken.

**la poupée,** doll.

**pour,** for; **pour** + *infin.* in order to; **pour que,** in order that.

**le pourboire,** tip.

**je pourrai** (*fut. of* **pouvoir**), I shall be able.

**poursuivre** (*conj. like* **suivre**), to pursue, to hunt down, to chase.

**pourtant,** yet, however.

**pousser,** to push, to urge forward; to grow; **pousser un cri,** to utter a cry, to shriek.

la **poussière,** dust.

**pouvoir,** to be able.

la **prairie,** meadow.

le **pré,** meadow, (*grass*) field.

**précieux,** precious.

se **précipiter,** to rush, to hurl oneself.

**précis,** precise; **précisément,** precisely.

**préférer,** to prefer; **préféré,** favourite.

**premier,** first.

**prendre,** to take, to catch.

le **preneur,** catcher.

le **préparatif,** preparation.

**préparer,** to prepare, to get ready.

**près (de),** near; **tout près (de),** quite near.

la **présentation,** introduction.

**présenter,** to present, to introduce; **se présenter,** to present oneself, to appear.

**presque,** almost, nearly.

**pressé,** pressed, in a hurry.

se **presser,** to crowd, to throng.

**prêt,** ready.

**prêter,** to lend; **prêter l'oreille,** to listen.

la **prêteuse,** lender.

le **prêtre,** priest.

**prévenir,** to tell, to warn.

**prier,** to beg, to pray, to ask, to request.

**principal,** principal, chief.

je **pris,** I took.

**priver,** to deprive.

le **prix,** price.

**prochain,** next, at hand.

**produire** (*conj. like* **conduire**), to produce.

le **produit,** product, produce.

**profiter,** to profit, to take advantage.

**profond,** deep; **profondément,** deeply.

la **promenade,** walk, trip.

se **promener,** to walk (about), to go for a walk.

la **promesse,** promise.

**promettre** (*conj. like* **mettre**), to promise.

**promis,** promised.

**prononcer,** to pronounce.

**proposer,** to propose, to suggest.

**propre,** (i) own; (ii) clean.

la **propriété,** property, estate.

**protéger,** to protect.

**protester,** to protest.

**prouver,** to prove.

la **province,** province; country (*as opposed to the capital*).

**prudent,** prudent, careful.

la **prune,** plum.

le **Prussien,** Prussian.

**pu,** been able (*verb* **pouvoir**).

**public** (*f.* **-ique**), public.

**puis,** then, next.

je **puis,** I can, I may.

**puisque,** since, seeing that.

**puissant,** powerful, mighty.

**punir** (*conj. like* **finir**), to punish.

**pur,** pure.

je **pus,** (*p. hist. of* **pouvoir**), I could.

## Q

le **quai,** platform.

**quand,** when.

le **quartier,** quarter, district.

**quelque,** some; **quelques,** some, a few; **quelqu'un,** someone; **quelquefois,** sometimes.

la **queue,** tail.

**quitter,** to leave.

**quoi,** what; **sans quoi,** but for which.

**quoique,** although.

## R

se **raccrocher à,** to cling (clutch, grab) at, to hold on to.

**raconter,** to relate, to tell.

le **raisin,** grape.

la **raison,** reason; **avoir raison,** to be right.

raisonnable, reasonable, sensible.
ramasser, to pick up.
ramener, to bring (lead) back, to bring home.
le rang, rank.
ranger, to draw (line) up; se ranger, to line up, to take up one's stand.
le rapide, express.
rapidement, rapidly, swiftly.
se rappeler, to remember.
rapporter, to bring back, to bring in, to yield.
rarement, rarely, seldom.
rassurer, to reassure.
le rayon, ray.
récent, recent.
recevoir, to receive.
recharger, to re-load.
réciter, to recite.
la récompense, reward.
récompenser, to reward.
reconnaître, to recognize.
reçu, received.
reculer, to recoil, to go back; faire reculer, to push back.
redescendre, to come down again.
redoubler, to redouble.
redoutable, redoubtable, fearsome.
réellement, really.
refermer, to reclose, to shut again.
réfléchir (*conj. like* **finir**), to reflect, to think (over).
le refrain, refrain, chorus.
refuser, to refuse.
le regard, glance, look.
regarder, to look at, to watch, to stare.
la région, district.
regretter, to regret, to be sorry; to miss, to long for.
la reine, queen.
rejoindre, to join.
réjouir, to gladden, to cheer.
les relations, connections; **mettre en relation avec**, to put in touch (contact) with.
relever, to raise again, to pick up.
relire, to re-read.

remarquable, remarkable.
la remarque, remark.
remarquer, to notice.
les remerciements (*m.*), thanks.
remercier, to thank.
remettre (*conj. like* **mettre**), to hand over.
remplacer, to replace.
remplir (*conj. like* **finir**), to fill.
remuer, to wag; to wave; to stir, to turn over.
le renard, fox.
rencontrer, to meet, to encounter.
rendre (*conj. like* **vendre**), to render; to give back; to make; **rendre service**, to render service, to oblige; **rendre visite** (à), to pay a visit (to), to call on; **se rendre**, to surrender; to go.
rentrer, to go (come) home; to go (come) back, to return.
renvoyer, to send away, to dismiss.
répandre (*conj. like* **vendre**), to spread.
reparaître, to re-appear.
réparer, to repair.
il reparut, he reappeared.
le repas, meal.
repasser, to pass again.
répéter, to repeat.
replier, to fold (up).
répliquer, to reply, to retort.
répondre (*conj. like* **vendre**), to reply, to answer.
la réponse, reply, answer.
reposer, to lie; **se reposer**, to rest.
repousser, to push away, to spurn.
reprendre, to take back, to take up again, to resume, to go on.
la représentation, performance.
respecter, to respect.
respirer, to breathe.
ressembler, to resemble, to be like.
se restaurer, to have something to eat.
le reste, rest.
rester, to stay, to remain.
le résultat, result.

**le résumé**, résumé, summary.
**en retard**, late.
>**retenir** (*conj. like* **tenir**), to retain.
>**retentir** (*conj. like* **finir**), to sound, to ring out.
>**retirer**, to pull out; **se retirer**, to withdraw.
>**retomber**, to fall again, to drop back.
>**retourner**, to return, to go back; to turn over; **se retourner**, to turn (look) round.
>**retrouver**, to find again.
>**réunir**, to collect, to gather together.
>**réussir** (*conj. like* **finir**), to succeed.

**le rêve**, dream.
>**réveiller**, to waken, to wake up; **se réveiller**, to awaken.
>**revendre**, to re-sell, to sell again.
>**revenir** (*conj. with* **être**), to come back, to return.
>**rêver**, to dream.
>**rêveur**, dreaming, thoughtful.
>**revoir**, to see again.
>**ri**, laughed.
>**riant**, laughing.
>**riche**, rich, wealthy.

**le rideau**, curtain.
>**rien + ne**, nothing, not anything.
>**rieur**, laughing.
>**rire**, to laugh; **rire de**, to laugh at (about); **le rire**, laughter.
>**risquer**, to risk.

**le rivage**, shore.
**la rive**, bank, shore.
**la rivière**, river, stream.
**la robe**, dress, frock; **la robe de chambre**, dressing-gown.
**le rocher**, rock.
>**rôder**, to roam, to rove.

**le roi**, king.
**le roman**, novel.
>**rompre**, to break.
>**rond**, round.
>**rose**, pink.

**le roseau**, reed.
**le rossignol**, nightingale.
**la roue**, wheel.

**rouge**, red.
>**rougir**, to redden, to blush.
>**rouler**, to roll; to rumble; to bring down.

**la route**, (*main*) road; **en route**, on the way; off we (you, etc.) go!
>**roux** (*f.* **rousse**), red-haired, "ginger".

**le ruban**, ribbon.
**la rue**, street.
**le ruisseau**, brook, stream.
>**ruisseler**, to stream down, to flow.

**la rumeur**, rumble, confused sound.

# S

**le sable**, sand.
**le sabre**, sabre, sword.
**le sac**, bag; **le sac à main**, handbag.
**sage**, wise; well-behaved, good.
**la sagesse**, wisdom.
**je sais**, I know; **je n'en sais rien**, I don't know.
>**saisir** (*conj. like* **finir**), to seize, to grasp.

**la saison**, season.
**sale**, dirty.
**la salle**, room.
**le salon**, drawing-room.
>**saluer**, to salute, to acknowledge.

**(le) samedi**, Saturday.
**le sang**, blood; **bon sang !** dash it all!
>**sanglant**, bloody, blood-red.

**le sanglot**, sob.
>**sangloter**, to sob.
>**sans**, without, but for.

**le satin**, satin.
>**sauf**, save, except.

**le saule**, willow.
>**sauter**, to jump.

**la sauterelle**, grasshopper.
>**sauvage**, wild.
>**sauver**, to save; **se sauver**, to run away, to decamp.

**le sauvetage**, rescue.
**le savant**, scholar, scientist.
>**savoir**, to know; **savoir (faire)**, to know how to (do).

**le savon**, soap.
**le seau**, bucket, pail.

**sec** (*f.* **sèche**), dry; sharp; **sèche-ment,** sharply.

**secouer,** to shake.

**le secours,** help; **au secours!** help!

**séduire,** to charm, to attract.

**seigneur,** my lord.

**le sein,** breast, bosom; **au sein de,** in the bosom of, deep in.

**le séjour,** stay.

**selon,** according to.

**la semaine,** week.

**semblable,** similar, like.

**semblant; faire semblant de,** to pretend to.

**sembler,** to seem.

**le sens,** sense; direction.

**sensé,** sensible.

**le sentier,** path, pathway.

**sentir** (*conj. like* **servir**), to feel; to smell, to scent.

**serrer,** to grip; **serrer la main à,** to shake hands with.

**la servante,** (*farm*) servant.

**le service,** service; **rendre service,** to do a service.

**la serviette,** serviette; towel.

**servir,** to serve; **se servir de,** to make use of, to use.

**seul,** alone, only, single; **tout seul,** all alone, by oneself; **seulement,** only.

**sévère,** severe, stern.

**si,** yes; if; so.

**le siècle,** century, age.

**le sien** (*f.* **la sienne**), his, hers.

**le signe,** sign; **faire (un) signe,** to give a sign, to beckon; **un signe de tête,** nod.

**signifier,** to mean.

**silencieux,** silent, quiet.

**le sillon,** furrow.

**sillonner,** to cut (flow) across.

**simplement,** simply, plainly.

**le singe,** monkey.

**singulier,** singular, strange.

**sitôt que,** as soon as.

**la situation,** situation, position, plight.

**situé,** situated.

**la sœur,** sister.

**la soie,** silk.

**la soif,** thirst; **avoir soif,** to be thirsty.

**le soin,** care; **avoir soin de,** to take care of.

**le soir,** evening.

**la soirée,** evening; party.

**sois!** be; **je sois** (*subj.*), I am, I may be.

**le soldat,** soldier.

**le soleil,** sun.

**solide,** strong, stout.

**sombre,** dark.

**la somme,** sum.

**le sommeil,** sleep; **avoir sommeil,** to be sleepy.

**le sommet,** summit.

**le son,** sound, note.

**sonner,** to sound, to ring; to strike, to chime.

**la sorte,** sort, kind; **de sorte que,** so that.

**la sortie,** exit, way out.

**sortir,** to go (come) out; to bring (take) out.

**sot** (*f.* **sotte**), foolish, silly; **le sot,** fool.

**le sou,** halfpenny, copper.

**la soucoupe,** saucer.

**soudain,** suddenly.

**le souffle,** breath, blast.

**souffrir** (*conj. like* **ouvrir**), to suffer.

**souhaiter,** to wish, to want.

**soulever,** to raise, to lift.

**le soulier,** shoe.

**soupçonneux,** suspicious.

**la soupe,** soup.

**la source,** source.

**sourd,** deaf.

**la souris,** mouse.

**sous,** under.

**soutenir** (*conj. like* **tenir**), to hold up, to support.

**le souvenir,** memory.

**se souvenir** (*conj. like* **venir**), to remember.

**souvent,** often.

**soyez!** be! **qui que vous soyez,** whoever you are (may be).

le spectacle, spectacle, sight.
splendide, splendid, lovely.
stupéfait, astounded, amazed.
stupéfié, bewildered.
stupide, stupid.
le stylo, fountain pen.
le succès, success.
le sucre, sugar.
le sucrier, sugar-basin.
le sud, south.
la suite, sequel, what follows; **tout de suite**, at once; **à la suite de**, following.
suivre, to follow, to go with.
au sujet de, about, concerning.
superbe, superb, proud.
supplier, to entreat.
supporter, to bear, to endure.
sur, on, on to, over.
sûr, sure, certain.
surprendre (*conj. like* **prendre**), to surprise.
la surprise, surprise; **bien des surprises**, many surprises.
surtout, above all, especially.
surveiller, to supervise, to watch.
je sus, I knew; **je sus (faire)**, I knew how to (do), I managed to (do).
sympathique, sympathetic, likeable.

**T**

le tableau, picture.
le tablier, apron.
la tâche, task.
tâcher, to try.
se taire, to be quiet (silent).
tandis que, whilst, whereas.
tanné, tanned, weatherbeaten.
tant (de), so; so much, so many; **tant que**, as much as, as long as.
la tante, aunt.
la tape, tap, rap, **pat**.
le tapis, carpet.
taquiner, to tease.
tard, late.
tarder, to linger, to be long.
la tartine, slice of bread.
le tas, heap.

la tasse, cup.
tâter, to feel.
le taureau, bull.
le teint, complexion.
tel (*f.* **telle**), such.
tellement, so, to such an extent.
le témoin, witness.
la tempête, storm, tempest.
le temps, time; weather; **à temps**, in time; **en même temps**, at the same time.
la ténacité, tenacity.
tendre (*conj. like* **vendre**), to hold out.
tenez! look here!
tenir, to hold; to grip; to keep (*a promise*); **se tenir tranquille**, to keep (stay) quiet.
tenter, to attempt.
le terme, term.
terminer, to end, to finish.
la terre, earth; land; **à terre**, on (to) the ground; **ashore**.
la terreur, terror.
la tête, head.
le thé, tea.
la théière, tea-pot.
le thym, thyme.
je tiendrai, I shall hold (*verb* **tenir**).
tiens! (*exclam. of surprise*), well! here! hallo!
le timbre, stamp; **le timbre-poste** (*plur.* **les timbres-poste**), postage stamp.
timide, shy; **timidement**, shyly.
tinter, to ring, to tinkle.
tirer, to pull, **to draw**; **to fire** (*a shot*).
le tiret, dash.
le tiroir, drawer.
le titre, title.
le toit, roof.
la tombe, grave.
tomber, to fall, to drop.
le ton, tone.
tort; **avoir tort**, to be wrong.
la tortue, tortoise.
tôt, soon.
toucher, to touch; (*money*) to draw, to get.

234

**toujours,** always; still.

**le tour,** turn; stroll; **à mon tour,** in my turn; **tour à tour,** in turn.

**la tour,** tower.

    **tourner,** to turn, to move round, to circle; **se tourner vers,** to turn to.

    **tournoyer,** to wheel around.

**la Toussaint,** All Saints Day (Nov. 1st).

    **tout** (*pl.* **tous,** *f.* **toute, toutes**), all; **tout à coup,** suddenly; **tout à fait,** quite; **tout de même,** all the same; **tout de suite,** at once; **pas du tout,** not at all.

**en train de (faire),** in the act (process) of (doing).

    **traîner,** to pull, to draw.

    **traiter,** to treat.

    **tranquille,** quiet, calm, at peace; **soyez (sois) tranquille,** don't worry.

    **tranquillement,** calmly.

    **transformé,** transformed, changed.

    **transporter,** to transport, to carry.

**la Transylvanie,** Transylvania.

**le travail,** work, labour.

    **travailler,** to work.

**le travailleur,** worker.

**à travers,** across.

**la traversée,** crossing, voyage.

    **traverser,** to cross, to go through.

    **trembler,** to tremble, to totter.

**le trésor,** treasure.

**la tribu,** tribe.

**le tribunal,** tribunal, court.

    **triompher,** to triumph.

    **triste,** sad, sorry.

**la tristesse,** sadness.

**se tromper,** to be mistaken.

**le tronc,** trunk.

    **trop,** too, too much, too many.

    **troquer,** to exchange, to "chop".

**le trot,** trot; **au grand trot,** at full trot.

**le trottoir,** pavement.

**le trou** (*plur.* **-s**), hole.

    **trouver,** to find; **se trouver,** to be (situated).

**tuer,** to kill.

**le tumulte,** uproar, roar and bustle.

## U

**unique,** one and only.

**une usine,** factory.

**utile,** useful.

## V

**les vacances** (*f.*), holidays.

**le vacarme,** din, uproar.

**la vache,** cow.

    **vacillant,** tottering, unsteady.

**la vague,** wave.

    **vain,** vain, useless.

    **vaincre,** to vanquish, to conquer.

**le val,** vale.

**le valet de ferme,** farm labourer.

**la valise,** suitcase.

**la vallée,** valley.

    **valoir,** to be worth.

**le va-nu-pieds,** ragamuffin.

**le vase,** vase.

    **vaste,** vast, broad, large.

    **va-t'en!** go away! get out!

**le vaurien,** blackguard, ne'er-do-well.

**il vaut mieux,** it is better.

**le veau,** calf.

    **vécu** (*p. part. of* **vivre**), lived.

**la veille,** the day before.

**le venant,** comer.

**la vendetta,** vendetta, campaign of revenge.

    **vendre,** to sell.

**le vendredi saint,** Good Friday.

**se venger,** to take revenge, to revenge oneself.

    **venir,** to come; **je viens de (faire),** I have just (done); **je venais de (faire),** I had just (done); **venir à (faire),** to happen to (do); **en venir à bout,** to succeed.

**le vent,** wind.

**la vente,** sale.

    **venu,** come; **le nouveau venu,** newcomer.

le ver, worm, grub; le ver luisant, glow-worm.

verdir, to make green, to tinge with green.

le verger, orchard.

la vérité, truth.

le vermisseau, little worm, grub.

le verre, glass.

le vers, verse, line (of poetry).

vers, toward(s).

verser, to pour, to shed.

vert, green.

le veston, jacket.

la veuve, widow.

la viande, meat.

la victoire, victory.

vide, empty.

la vie, life.

le vieillard, old man.

vieille (f. of vieux), old; ma vieille, old woman, old dear.

vieillir, to age.

je viendrai, I shall come.

vieux (f. vieille), old.

vif, keen, lively, brisk.

le vignoble, vineyard; la province vignoble, vine-growing province.

vigoureusement, vigorously.

la vigueur, vigour, power.

vil, low, base.

vilain, ugly, nasty.

le vin, wine.

je vins, I came; ils vinrent, they came.

je vis, (i) past hist. of voir, (ii) pres. of vivre, to live.

le visage, face.

visiter, to visit; to inspect (luggage).

le visiteur, visitor.

vite, quickly.

le vitrail (plur. -aux), coloured window.

vivant, living.

vivre, to live.

voici, here is (are); (alone) here you are!

voilà, there is (are); le voilà! there he is!

le voile, veil, mist.

la voile, sail.

le voisin (f. la voisine), neighbour.

la voiture, carriage, car; aller en voiture, to drive.

la voix, voice; d'une voix haute, in a loud voice; à haute voix, aloud; à voix basse, quietly, in low tones.

voler, (i) to steal; (ii) to fly.

le voleur, thief, robber.

le volontaire, volunteer.

volontiers, willingly, gladly.

vouloir, to wish, to want; vouloir bien, to be willing; vouloir dire, to mean.

le voyage, journey, voyage.

voyager, to travel.

le voyageur, traveller, passenger, wayfarer.

voyons! come now!

vrai, true, real; vraiment, truly, really.

la vue, sight.

# W

le wagon, railway coach; le wagon-restaurant, dining-car.

# Y

y, there.

les yeux (plur. of l'œil, m.), eyes.

## A

**able**; **to be able,** pouvoir.
**about** (= *approximately*), environ;
  **about 3 o'clock,** vers 3 heures;
  (= *concerning*) au sujet de, à
  propos de.
**above,** au-dessus de.
**absent-minded,** distrait.
**to accept,** accepter.
**to act,** agir (*conj. like* finir).
**address,** une adresse.
**afraid**; **to be afraid,** avoir peur.
**after,** après; **afterwards,** après,
  ensuite.
**afternoon,** un(e) après-midi.
**again,** encore, de nouveau.
**age,** l'âge (*m.*).
**ago,** il y a (*e.g.* **an hour ago,** il y
  a une heure).
**alas,** hélas.
**alike,** semblable, pareil (*f.* -eille).
**all,** tout, etc.; **not at all,** pas du
  tout.
**alley-way,** une ruelle.
**to allow,** permettre; **to allow anyone
  to (do),** permettre à quelqu'un
  de (faire).
**almost,** presque.
**alone,** seul.
**along,** le long de.
**already,** déjà.
**always,** toujours.
**American,** un Américain.
**among,** parmi.
**amusements,** les amusements (*m.*),
  les distractions (*f.*).
**amusing,** amusant.
**angry,** fâché; **to get angry,** se
  fâcher, se mettre en colère.
**another,** un(e) autre.
**to answer,** répondre (*conj. like* vendre).
**anywhere,** quelque part; **not anywhere,** ne . . . nulle part.
**appetite,** l'appétit (*m.*).
**apple,** la pomme; **apple-tree,** le
  pommier.
**to arrive,** arriver (*conj. with* être).

**artist,** un(e) artiste.
**as** (*starting a sentence*), comme; **as
  soon as,** dès que, aussitôt que;
  **as many,** autant (de).
**to ask (for),** demander.
**to assemble,** s'assembler.
**to assure,** assurer.
**to astonish,** étonner; **to be astonished,**
  s'étonner.
**attention,** l'attention (*f.*); **to pay
  attention,** faire attention.
**aunt,** la tante.
**away**; **to walk away,** s'éloigner,
  s'en aller.
**awful,** affreux.

## B

**back**; **to come back,** revenir (*conj.
  with* être); **to go back,** retourner
  (*conj. with* être).
**bad,** mauvais; (= *unhealthy*)
  malade.
**bag,** le sac.
**banana,** la banane.
**basket,** le panier; **waste-paper
  basket,** la corbeille à papier.
**bath,** le bain; **to have a bath,**
  prendre un bain.
**bear,** un ours.
**beast,** la bête.
**beautiful,** beau (bel *before a vowel*),
  *f.* belle.
**beautifully,** admirablement.
**because,** parce que.
**to become,** devenir (*conj. with* être).
**bed,** le lit; **to go to bed,** se coucher,
  aller se coucher.
**bedroom,** la chambre (à coucher).
**before** (*of place*), devant; (*time or
  order*) avant; **before (doing),**
  avant de (faire).
**to begin,** commencer; **to begin to (do),**
  commencer à (faire), se mettre
  à (faire).
**behind,** derrière.
**being,** étant.

to **believe**, croire.
**beside**, à côté de.
**besides**, d'ailleurs.
**best** (*adj.*), le meilleur; (*adv.*) le mieux; **to do one's best**, faire de son mieux.
**better** (*adj.*), meilleur; (*adv.*) mieux.
**bicycle**, la bicyclette.
**big** (= *grown up*), grand; (=*bulky, stout*) gros.
**bill**, la note.
**blue**, bleu (*pl.* bleus).
**book**, le livre.
to **bore**, ennuyer.
to **borrow**, emprunter.
**both**, tous (toutes) deux, tous (toutes) les deux.
**bottle**, la bouteille; **hot-water bottle**, la bouillotte.
**bottom**, le fond; **at the bottom of**, au fond de.
**boulevard**, le boulevard.
to **bow**, s'incliner.
**boy**, le garçon.
to **break**, briser, casser; **to break out**, éclater.
to **bring**, apporter; **to bring home**, rapporter.
**brother**, le frère.
**building**, le bâtiment, un édifice.
**bullet**, la balle.
**burglar**, le cambrioleur.
to **burn**, brûler.
'**bus**, un autobus.
**busy**, occupé.
**but**, mais.
**butter**, le beurre.
to **buy**, acheter.
**by**, par; (=*near*) près de; (=*on the bank of*) au bord de; **by the way**, à propos.

# C

**café**, le café.
**cake**, le gâteau.
to **call**, appeler; **to call out**, crier; **to call on**, rendre visite à.
**can**; *verb* pouvoir; **I can**, je peux.
**car**, la voiture; une auto(mobile).

**card**, la carte.
**carpet**, le tapis.
to **carry**, porter; **to carry off**, emporter.
to **catch**, attraper; **to catch a train**, prendre un train.
**cathedral**, la cathédrale.
to **cease**, cesser.
**celebrated**, célèbre.
**certain**, certain.
**chair**, la chaise.
**chapter**, le chapitre.
to **chat**, causer.
**chemist**, le pharmacien.
**child**, un(e) enfant.
to **choose**, choisir (*conj. like* finir).
**church**, une église.
**cinema**, le cinéma.
**class**, la classe; **first-class**, de première classe.
**clean**, propre.
to **clean**, nettoyer.
**clever**, habile, intelligent.
to **climb up**, grimper dans *or* sur.
**clock**, la pendule.
to **close**, fermer.
**closely**, de près.
**coffee**, le café.
**cold**, froid; **to catch cold**, prendre froid.
**college**, le collège.
**comb**, le peigne.
to **come**, venir (*conj. with* être); **to come back**, revenir (*conj. with* être); **to come down**, descendre (*conj. with* être); **to come (go) in**, entrer (*conj. with* être); **to come forward**, s'avancer; **to come home**, rentrer (*conj. with* être); **to come out**, sortir (*conj. with* être); **to come up again**, remonter, se relever; **come!** (*starting speech*) allons!
**compartment**, le compartiment.
to **complete**, achever.
**compliment**, le compliment.
**constable**, un agent (de police).
to **contain**, contenir (*conj. like* tenir).
**conversation**, la conversation.
to **cook**, faire la cuisine.

corner, le coin.
country, le pays.
courage, le courage.
of course, bien entendu, évidemment.
to cross, traverser.
crowd, la foule.
cruel, cruel.
cup, la tasse.
customer, le client.
to cut, couper.

# D

Dad, papa.
to dance, danser.
dark, sombre, noir.
to dash, se précipiter, s'élancer.
day, le jour.
dead, mort.
deaf, sourd.
deal; a good deal, beaucoup.
dear, cher.
to deceive, tromper.
to decide, décider; to decide to (do),
décider de (faire).
delicious, délicieux.
desk, le pupitre.
to destroy, détruire (conj. like conduire).
difficult, difficile.
difficulty, la difficulté.
dining-room, la salle à manger.
dinner, le dîner; to have dinner,
dîner.
direction, la direction, le sens.
dirty, sale.
to disappear, disparaître (conj. like
connaître).
to dismiss, renvoyer.
distance, la distance.
district (in a town), le quartier;
(country) le pays, la région.
to do, faire.
doctor, le médecin, le docteur.
door, la porte.
doubt, le doute; doubtless, sans
doute.
down; to come (go) down, descendre.

draught, le courant d'air.
drawer, le tiroir.
dressed, habillé.
to drop, laisser tomber.
during, pendant.
dustman, le boueur.

# E

each (adj.), chaque; (pron.)
chacun(e).
early, de bonne heure; earlier,
plus tôt.
to earn, gagner; to earn one's living,
gagner sa vie.
earnestly, sérieusement.
to eat, manger.
either, non plus.
elder, aîné(e).
end (of a thing), le bout.
to end, finir.
Englishman, un Anglais.
enough, assez.
to enter, entrer (conj. with être).
entire, entier.
envelope, une enveloppe.
erect, droit.
even, même.
evening, le soir; la soirée.
every, chaque; everything, tout;
everybody, tout le monde; every
day, tous les jours.
ex-, ancien (e.g. an ex-soldier, un
ancien soldat).
to examine, examiner.
excellent, excellent.
to exclaim, s'écrier, s'exclamer.
excuse me, pardon.
to explain, expliquer.
eye, un œil, plur. des yeux; to open
one's eyes wide, ouvrir de grands
yeux.

# F

fair (= light in colour), blond.
to fall, tomber (conj. with être); to
fall out of, tomber de.
farm, la ferme.

**father,** le père; **Father** (*familiar*), papa.

**fatiguing,** fatigant.

**to feed,** nourrir (*conj. like* finir), donner à manger à.

**fellow; old fellow,** le bonhomme.

**to fetch,** aller chercher.

**a few** (*adj.*), quelques; **few,** peu de; **fewer,** moins (de).

**field** (*cultivated*), le champ; (*grass*) le pré, la prairie.

**film,** le film.

**to find,** trouver.

**fine,** beau (*f.* belle); **it (the weather) is fine,** il fait beau.

**to finish,** finir; **to finish (doing),** finir de (faire).

**fire,** le feu; **by the fire-side,** au coin du feu.

**to fire** (*a shot*), tirer.

**first** (*adj.*), premier (*f.* -ière); **(at) first** (*adv.*), d'abord.

**to flee,** s'enfuir (*conj. like* fuir).

**floor,** le plancher; (= *storey*) un étage.

**flower,** la fleur.

**fly,** la mouche.

**to fold** (*arms*), croiser.

**fond; to be (very) fond of,** aimer beaucoup.

**foolishly,** stupidement.

**foot,** le pied.

**for** (*conj.*), car; (*prep.*) pour; (= *during*) pendant.

**to forbid anyone to (do),** défendre à quelqu'un de (faire).

**foreign,** étranger.

**foreigner,** un étranger.

**forest,** la forêt.

**to forget,** oublier; **to forget to (do),** oublier de (faire).

**fortnight,** quinze jours, une quinzaine (de jours).

**forward; to come forward,** s'avancer.

**franc,** le franc.

**French,** le français; **to speak French,** parler français.

**to frequent,** fréquenter.

**friend,** un ami, *f.* une amie.

**frightful,** effroyable.

**in front of,** devant.

**fruit,** le fruit; **he sells fruit,** il vend des fruits.

**funny,** drôle, amusant.

## G

**garage,** le garage.

**garden,** le jardin.

**to gaze at,** regarder (fixement).

**gentle,** doux, *f.* douce.

**gentleman,** le monsieur, *plur.* les messieurs.

**to get home,** rentrer, arriver à la maison; **to get in,** entrer; **to get into** (*a vehicle*), monter dans; **to get off,** descendre de; **to get up,** se lever.

**girl,** la jeune fille.

**to give,** donner.

**glad,** content.

**gladly,** volontiers.

**glass,** le verre; **glasses** (*for sight*), les verres, les lunettes.

**glove,** le gant.

**to go,** aller; (= *to depart*), partir; **to go away,** s'en aller; **to go back,** retourner; **to go by** (*of time*), s'écouler; **to go into,** entrer dans; **to go on** (= *to happen*), se passer; **to go on** (*speaking*), reprendre, continuer; **to go round,** faire le tour de; **to go out,** sortir; **to go up,** monter; **to go up to** (= *to approach*), s'approcher de.

**good,** bon (*f.* bonne).

**grandma,** grand'maman.

**grandmother,** la grand'mère.

**grandpa,** grand-papa.

**grandparents,** les grands-parents.

**grapes,** le raisin.

**grass,** l'herbe (*f.*).

**great,** grand.

**green,** vert.

**grey,** gris.

**to grow up,** grandir (*conj. like* finir).

**guard,** le chef de train.

240

# H

hair, les cheveux (*m.*).
half, la moitié.
hand, la main.
to hand, donner, remettre (*conj. like* mettre).
handkerchief, le mouchoir.
handsome, beau (bel *before a vowel*), *f.* belle.
to happen, arriver, se passer.
hare, le lièvre.
haricot bean, le haricot.
hat, le chapeau.
to have, avoir; to have to (do), devoir (faire).
head, la tête.
health, la santé.
to hear, entendre (*conj. like* vendre).
heartily, de bon cœur.
heavy, lourd.
to help, aider.
here, ici; here is (are), voici.
to hesitate, hésiter.
hesitation, l'hésitation (*f.*).
to hide, (se) cacher.
high, haut.
to hold, tenir.
home, la maison; at home, à la maison, chez moi (chez nous, etc.); to go (get, come) home, rentrer (à la maison), arriver à la maison.
homework, les devoirs (*m.*).
honest, honnête.
hoot; I don't care a hoot, je m'en moque.
horse, le cheval.
hotel, un hôtel.
hour, une heure.
house, la maison.
how, comment; how much (many), combien (de); how long, combien de temps.
huge, énorme.
humour, l'humeur (*f.*); in a good (bad) humour, de bonne (mauvaise) humeur.
to hunt, chasser.
hunter, le chasseur.
to hurry (up), se dépêcher.
to hurt oneself, se faire mal.

# I

ice, la glace.
if, si.
ill, malade.
to imagine, s'imaginer, se figurer.
importance, l'importance (*f.*).
important, important.
impossible, impossible.
in, into, dans.
indifference, l'indifférence (*f.*).
inhabitant, un habitant.
instead of, au lieu de.
intelligent, intelligent.
to intend to (do), avoir l'intention de (faire).
interesting, intéressant.
to invite, inviter.

# J

jewellery, les bijoux (*m.*).
job, un poste, un emploi.
just; I have just (done), je viens de (faire); I had just (done), je venais de (faire).

# K

kilometre, le kilomètre.
kind, bon, aimable.
to kiss, embrasser.
kitchen, la cuisine.
knife, le couteau.
to knock, frapper.
to know, savoir; (= *to be acquainted with*) connaître; to know how to (do), savoir (faire).

# L

lad, le garçon.
lady, la dame; young lady, la demoiselle.
lake, le lac.
language, la langue.

241

lash (*eye*), le cil.

last, dernier; **last night** (= *yesterday evening*), hier soir; **at last,** enfin.

late, tard; (= *after time*) en retard.

to laugh, rire; **laughter,** le rire; (*chorus of laughs*) les rires.

lazy, paresseux; **a lazybones,** un paresseux.

to lead, mener, conduire.

to learn, apprendre; **to learn to** (do), apprendre à (faire).

(the) least, le moins; **at least,** au moins.

to leave, (= *to start*) partir; (= *to leave behind*) laisser; (*a place*) quitter.

left (= *to the left*), à gauche.

to lend, prêter.

less, moins (de).

lesson, la leçon.

to let (= *to allow*), laisser.

letter, la lettre.

to lie (to tell a lie), mentir (*conj. like* servir).

light, la lumière.

like, comme; **what is he like?** comment est-il?

to like, aimer; vouloir.

lined (with), bordé (de).

to listen (to), écouter.

litre, le litre.

little, petit; **a little,** un peu (de).

to live, vivre; **to live in** (at), habiter (*e.g.* mon ami habite Rouen).

living; **to earn one's living,** gagner sa vie.

to lock, fermer à clef.

London, Londres.

long, long, *f.* longue; **a long time,** longtemps; **how long,** combien de temps.

to look (at), regarder; **to look for,** chercher; **to look up,** lever la tête (les yeux, le nez).

a lot (of), beaucoup (de).

louder, plus fort.

lovely, admirable, splendide.

lucky; **to be lucky,** avoir de la chance.

lunch, le déjeuner; **to have lunch,** déjeuner.

# M

magnificent, magnifique.

to make, faire.

man, un homme; **old man,** le vieillard.

manager, le directeur.

manner, la manière.

manuscript, le manuscrit.

many, beaucoup (de); **so many,** tant (de); **too many (much),** trop (de); **as many,** autant (de).

marvellous, merveilleux.

matter; **what is the matter?** qu'y a-t-il? qu'est-ce qu'il y a? **what is the matter with him?** qu'est-ce qu'il a? **that does not matter,** cela ne fait rien.

may I? puis-je?

meal, le repas.

to meet, rencontrer.

memory, le souvenir.

metre, le mètre.

middle, le milieu; **in the middle of,** au milieu de.

might; **with all one's might,** de toutes ses forces.

mile, le mille (*plur.* milles).

miller, le meunier.

mind; **I don't mind,** cela m'est égal.

minute, la minute.

mistake, la faute; **to make a mistake,** se tromper.

moment, un instant, un moment.

money, l'argent (*m.*).

month, le mois.

more, plus; **some more bread,** encore du pain.

morning, le matin; la matinée; **good morning,** bonjour; **next morning,** le lendemain matin.

most, le plus; (= *the majority*) la plupart (*e.g.* la plupart des élèves sont sages).

mother, la mère; **Mother** (*familiar*), maman.

mountain, la montagne.
much, beaucoup; **too much**, trop; **so much**, tant; **how much**, combien.
music, la musique.
must—*see* devoir, *p.* 174.

# N

name, le nom; **what is your name?** comment vous appelez-vous?
nap, le somme; **to have a nap**, faire un somme.
nationality, la nationalité.
natural, naturel.
near, près de; **near by**, tout près.
necessary, nécessaire; **it is necessary**, il faut (*see p.* 175).
neighbour, le voisin, *f.* la voisine.
new, nouveau (nouvel *before a vowel*), *f.* nouvelle; (= *just bought*) neuf, *f.* neuve.
newspaper, le journal.
next day, le lendemain; **next morning**, le lendemain matin.
nice (*of people*), gentil, *f.* gentille.
niece, la nièce.
night, la nuit; **last night** (= *yesterday evening*), hier soir; **at nightfall**, à la nuit tombante.
noise, le bruit.
note (*bank note*), le billet.
to notice, remarquer.
novel, le roman.
now, maintenant; (*beginning a fresh part of a story*) or.
number, le nombre; (*in a series*) le numéro.

# O

oak(-tree), le chêne.
obliged to (do), obligé de (faire).
to obtain, obtenir (*conj. like* tenir).
obviously, évidemment.
to offer, offrir (*conj. like* ouvrir).
office, le bureau.
often, souvent.
old, vieux (vieil *before a vowel*), *f.* vieille; **old man**, le vieillard; **old fellow**, le bonhomme.

on, sur.
once, une fois; **once more**, encore une fois; **at once**, tout de suite.
only (*adv.*), seulement; ne . . . que.
to open, ouvrir; **open** (*past part.*) ouvert.
opera, l'opéra.
opinion, un avis.
or, ou.
other, autre.
ought (*see* devoir, *p.* 174).
out of, hors de.
to owe, devoir.
own, propre (*before noun*).

# P

page, la page.
palace, le palais.
pale, pâle.
paper, le papier.
parcel, le paquet.
pardon, le pardon; **I beg your pardon**, je vous demande pardon.
parents, les parents (*m.*).
park, le parc, le jardin public.
to pass (by), passer; (*coming from opposite directions*) croiser.
passenger, le voyageur.
passer-by, le passant.
path, le sentier; (*in park or garden*) une allée.
pavement, le trottoir.
to pay (for), payer; **I pay for the tickets**, je paye les billets.
people, les gens; **a lot of people**, beaucoup de monde (de gens).
perfectly, parfaitement.
perplexed, embarrassé.
person, la personne.
photograph, la photographie.
piano, le piano; **to do one's piano practice**, faire son piano.
to pick up, ramasser.
pile, le tas.
pill, la pilule.
to pity, plaindre (*conj. like* craindre), avoir pitié de; **it is a pity**, c'est dommage; **what a pity**, quel dommage.

243

to place, placer.

place, la place; (= *spot*) un endroit.

platform, le quai, le trottoir.

to play, jouer; to play football, jouer au football.

pleasant, agréable.

please, s'il vous (te) plaît.

pleased, content.

pleasure, le plaisir.

plenty (of), beaucoup (de).

pocket, la poche.

policeman, un agent de police.

polite, poli.

pond, une mare, un étang.

poor, pauvre; poorly, pauvrement.

poplar(-tree), le peuplier.

porter (*railway*), un employé.

post (*mail*), la poste; post-office, la poste, le bureau de poste; to post a letter, mettre une lettre à la poste.

poster, une affiche.

postman, le facteur.

practice; to do one's piano practice, faire son piano.

to prepare, préparer.

present, le cadeau.

presently, tout à l'heure.

to pretend to (do), faire semblant de (faire).

pretty, joli.

price, le prix.

probably, probablement.

professor, le professeur.

proud, fier; proudly, fièrement.

to put, mettre; to put on, mettre; to put down, déposer; to put out, éteindre (*conj. like* craindre).

## Q

quarter, le quart; quarter of an hour, le quart d'heure.

question, la question; it is a question of, il s'agit de (*verb* agir, *conj. like* finir).

quickly, vite, rapidement.

quiet, calme.

quietly, doucement.

## R

to rain, pleuvoir; it rains, il pleut.

to raise, lever; to raise again, relever.

rather, assez.

to read, lire.

to realize, comprendre, se rendre compte.

really! vraiment! pas possible!

to reappear, reparaître.

to receive, recevoir.

to recognize, reconnaître (*conj. like* connaître).

to recommence, recommencer.

to register, enregistrer.

to regret to (do), regretter de (faire).

remarkable, remarquable.

to remember (*something*), se rappeler (quelque chose), se souvenir de (quelque chose).

to reply, répondre (*conj. like* vendre).

to request, prier.

restaurant, le restaurant.

result, le résultat.

return, le retour.

revolution, la révolution.

rich, riche.

to ride (a horse), monter à cheval.

ridiculous, ridicule.

rifle, le fusil.

right (= *to the right*), à droite.

ripe, mûr.

to rise (up), se lever.

road (*country*), la route; (*smaller*) le chemin; by the road-side, au bord de la route (du chemin); road (*in a town*), la rue.

rock, le rocher.

room (*downstairs*), la salle; (*bedroom*) la chambre; (*any room*) la pièce.

rope, la corde.

round, autour de; to go round, faire le tour de.

to run, courir; to run away, se sauver.

## S

sad, triste.

salad, la salade.

same, même; **at the same time,** en même temps.
sand, le sable.
saucer, la soucoupe.
sausage, la saucisse.
to say, dire.
scamp, le polisson.
scared, effrayé.
scene, la scène.
school, une école; (*grammar school*) le collège, le lycée.
scissors, les ciseaux (*m.*).
to scold, gronder.
to scratch, gratter.
seat, le banc, le siège.
second (*noun*), la seconde; (*adj.*) second, deuxième.
to see, voir.
to seem, sembler.
to sell, vendre.
to send, envoyer; **to send for,** envoyer chercher.
servant, le (la) domestique.
serviette, la serviette.
to set out, partir (*conj. with* être).
several, plusieurs.
shade, l'ombre (*f.*); **in the shade,** à l'ombre.
to shake, secouer; **to shake hands with someone,** serrer la main à quelqu'un.
shop (*large*), le magasin; (*small*) la boutique.
shot, le coup; **to fire a shot,** tirer un coup.
to shout, crier.
to show, montrer.
shutter, le volet, le contrevent.
side, le côté.
silk, la soie.
silly, stupide.
simply, simplement.
since, depuis; (= *for the reason that*) puisque.
to sing, chanter.
singer, le chanteur.
sir, monsieur.
sister, la sœur.
to sit (down), s'asseoir; **sitting,** assis; **I am sitting,** je suis assis.

to sleep, dormir (*conj. like* servir); (= *to pass the night*) coucher.
slim, mince.
slipper, la pantoufle.
small, petit.
to smile, sourire (*conj. like* rire).
to smoke, fumer.
so, si; (= *thus*) ainsi; (= *therefore*) donc; **so much,** tant (de).
soap, le savon.
soldier, le soldat.
some (*unspecified*), quelque (*e.g.* quelque distance, **some distance**); **some more bread,** encore du pain; **somebody, someone,** quelqu'un; **something,** quelque chose; **sometimes,** quelquefois; **somewhere,** quelque part.
son, le fils.
song, la chanson.
soon, bientôt; (*qualified by* si, trop, plus) tôt; **so soon,** si tôt; **sooner,** plus tôt; **as soon as,** dès que, aussitôt que.
sorry! pardon!
sort, la sorte.
soup, la soupe; (*clear, thin*) le potage.
to speak, parler.
spectacles, les lunettes.
to spend (*time*), passer.
spoilt, gâté.
to start (out), partir (*conj. with* être); **to start to (do),** se mettre à (faire), commencer à (faire).
stationmaster, le chef de gare.
to stay, rester.
to steal, voler.
still, encore; toujours.
stocking, le bas.
to stop, (s')arrêter.
story, une histoire.
straight, droit; **to go straight on,** aller tout droit.
street, la rue.
stroll, le tour; **to go for a stroll,** faire un tour.
student, un étudiant.
study (*room*), le cabinet de travail.

245

to succeed, réussir (*conj. like* finir).
success, le succès.
such, tel, *f.* telle.
suddenly, tout à coup, soudain, subitement.
sugar, le sucre.
suit, le costume, le complet.
suit-case, la valise.
sun, le soleil; **in the sun,** au soleil.
to suppose, supposer.
sure, sûr.
surprise, la surprise; **to give someone a surprise,** faire une surprise à quelqu'un.
to surprise, surprendre (*conj. like* prendre).
sweet (*adj.*), doux, *f.* douce.
sweet (*noun*), le bonbon.
swiftly, rapidement.
to swim, nager.

## T

table, la table.
to take, prendre; (= *to carry*) porter; (*a person*) mener; **to take off,** ôter, enlever; **to take out,** ôter.
to talk, parler.
tall, grand.
taxi, le taxi.
tea, le thé; **to have tea,** prendre le thé.
to teach, apprendre, enseigner; **to teach to (do),** apprendre (enseigner) à (faire).
teacher, le professeur.
to telephone, téléphoner.
to tell, dire; (= *to relate*) raconter.
temper, la colère; **to be in a temper,** être en colère.
tennis, le tennis.
term, le terme.
terrace, la terrasse.
theatre, le théâtre.
then (= *at that time*) alors; (= *next*) puis; (= *therefore*) donc.
thing, la chose.
to think, croire, penser; (= *to reflect*) réfléchir (*conj. like* finir).

thousand, mille.
to throw, jeter.
ticket, le billet.
time, le temps; (*by the clock*) l'heure; (*multiplication*) la fois; **a long time,** longtemps; **in time,** à temps; **at the same time,** en même temps.
tip, le pourboire.
to-day, aujourd'hui.
together, ensemble.
to-morrow, demain.
to-night (= *this evening*), ce soir.
too, trop; **too much, too many,** trop (de); (= *also*) aussi.
tooth, la dent.
totalling-up, l'addition (*f.*).
tower, la tour.
town, la ville; **in (to) town,** en ville.
train, le train.
tree, un arbre.
trick, le tour.
true, vrai.
truth, la vérité.
to try, essayer; **to try to (do),** essayer de (faire).
turn, le tour.
to turn, tourner; **to turn to,** se tourner vers.

## U

umbrella, le parapluie.
uncle, un oncle.
to understand, comprendre.
unpleasant, vilain.
up; **to go up to,** s'approcher de; **to come up again,** se relever.

## V

vase, le vase.
vegetable, le légume.
very, très.
village, le village.
visit, la visite.
to visit, visiter.
visitor, le visiteur.
voice, la voix.

246

# W

to **wait**, attendre (*conj. like* vendre).
**waiter**, le garçon.
to **walk**, marcher; (*for pleasure*) se promener; **to walk away (off)**, s'éloigner, s'en aller.
to **want**, vouloir.
**war**, la guerre.
**warm**, chaud.
**waste-paper basket**, la corbeille à papier.
to **watch**, regarder.
**watch**, la montre.
**water**, l'eau (*f.*).
**way** (= *manner*), la manière, la façon; **by the way**, à propos; **to make one's way towards**, se diriger vers.
**weather**, le temps.
**week**, la semaine.
**well**, bien; (*starting to speak*) eh bien.
**wet**, mouillé.
**what**! (*exclamation*) comment!
**when**, quand; lorsque (*except in questions*).
**whenever**, chaque fois que, toutes les fois que.
**where**, où.
**whereas**, tandis que.
**whether**, si.
**while**, pendant que.
**why**, pourquoi.
**wide**, large; **to open one's eyes wide**, ouvrir de grands yeux.

**wife**, la femme.
**will you (do)?** voulez-vous (faire)?
**to bear someone ill will**, en vouloir à quelqu'un (*see p. 175*).
**window**, la fenêtre; (*shop*) la vitrine.
**wine**, le vin.
to **wipe**, essuyer.
**wireless**, la T.S.F. (télégraphie sans fil), la radio.
to **wish**, vouloir; (*greetings*) souhaiter.
**with**, avec.
**without**, sans.
**woman**, la femme.
to **wonder**, se demander.
**wonderful**, merveilleux.
**wool**, la laine; **woollen**, de laine.
**word**, le mot.
**work**, le travail.
to **work**, travailler.
**workman**, un ouvrier.
to **worry**, s'inquiéter; **don't worry**, soyez (sois) tranquille.
**wretched**, misérable.
to **write**, écrire.

# Y

**yard**, la cour.
**year**, un an, une année.
**yellow**, jaune.
**yesterday**, hier.
**yet**, encore.
**young**, jeune; **young lady**, la demoiselle.